日本中部質感漫旅

神社×古街×城跡×溫泉×美食×選物店，風格景點私選

作者—Gloria
插畫—Panda 彭達熊

太雅

目錄

地圖目錄

作者序

我的慢旅行主張

「慢」不是一種速度，而是一種態度

活在一個歌頌速度的國際都會，每天汲汲營營地縱橫馳騁於職場，潛規則是誰可以用最少的時間做最多的事情就是贏家。在這裡，慢，一向被標籤為負面形容詞，因此每當被城市急速的節奏和忙碌的工作壓得喘不過氣來的時候，我總想逃去一個可以慢下來的地方。

我記得在櫻花滿開的4月初，金澤兼六園那片夢幻淺粉色的震撼；我不會忘記12月底的白川鄉，在冬日童話村落裡抬頭細看雪花徐徐飄下的景象；還有坐下在名古屋那間小小咖啡店裡，一邊喝著熱拿鐵一邊無所事事觀察窗外走過的路人……

找一個放慢腳步的理由

加拿大作家Carl Honoré在他的著作《慢活》(In Praise of Slowness)中表示現代人熱愛速度，有些人更因為急速的生活步伐而罹患了「時間病」，他強調慢活並不是要將事情拖延，而是在這個不斷加速的世界裡找到放慢腳步的理由，調整適合自己的生活步調，避免沉淪在快速文化的洪流裡。

早年認識有朋友每次旅行也預備10幾頁的行程規畫表，由早餐幾點幾分要吃完，到哪裡可以買到便宜20日元的面霜也一一詳細列明，交通工具的接駁時間必須完美（哪怕要在車站裡拉著行李瘋狂奔跑！），要用最少的時間跑最多的景點，雖然在咖啡店放空這種事永遠不存在，但必須預留時間幫別人代購……那時候我剛開始自助旅行，被這種爭分奪秒的旅行節奏嚇到。

蘊釀一種對旅行的期待

旅行不是為了收集景點，也不只是由一個城市移動到另一個城市；旅行不是為了抵達任何目的地，而是讓你自在地經歷某段時間；旅行就是把自己丟到陌生的環境裡，讓身上每一個毛孔張開來感受當下的氣息，也許有點擔心、有點害怕，但更多的是期待。

自助旅行很多年後，我開始發現自己已經不能不顧一切地來一趟說走就走的旅行，因為我需要好好蘊釀某種對旅行的期待，寧願錯過特價機票，也不想錯過慢慢體驗那個地方的氣息。由規畫行程時就開始想像「接下來會遇到甚麼呢？」像這樣的期待，簡單緩慢，卻非常實在。

關於作者 Gloria

自助旅行至今超過10年，由窮遊背包客變成慢活小資女。足跡遍及歐洲各國、澳洲、亞洲等地，當中遊覽次數最多的是日本，雖然熱愛研究日本社會和傳統文化卻50音不全，多年來憑著一句「ほんの少しだけ日本語が話せます」（我只會一丁點日文）暢遊日本各地而讓人難以置信。

2014年創立個人網站「Slow and Travel」，內容涵蓋旅行、藝術資訊、生活品味、美食等，以攝影系畢業生和平面設計師的獨到眼光，呈現知性且有深度的資訊，同名臉書專頁至今粉絲數已超過2萬人。曾獲邀請參與香港國際旅遊展分享會，亦不時與各地觀光局和生活品牌合作。

臉書專頁：slowandtravel

個人網站：slowandtravel.com

關於插畫 Panda 彭達熊

插畫家。

一個沒了手帳跟Planner可能活不了的香港女生，夢想是利用手帳達成夢想，擁有一本真正的完夢手帳～（笑）最喜歡畫圖、看書和寫字。請多多指教！

ig 帳號：panda_531

如何使用本書

◀精采特輯

關於日本中部分區的各式看點及魅力，讓你在旅程開始前有初步的認識，再細細賞玩各區景點。

▶5～7日遊這樣走

來到日本中部，該如何安排遊覽順序，走遍各個景點呢？本書特別安排5、6、7日遊路線，搭配乘車券或周遊券，玩得盡興又便利。

▼交通資訊

如何抵達當地，以及提供當地的交通方式，教你如何搭乘火車、客運或巴士，暢玩日本中部！

▼4大分類導覽

針對各區，細分景點、美食、購物，以及住宿。蒐羅必訪景點、在地美味、特色小物以及超值住宿，為你的日本中部之旅留下燦爛回憶。

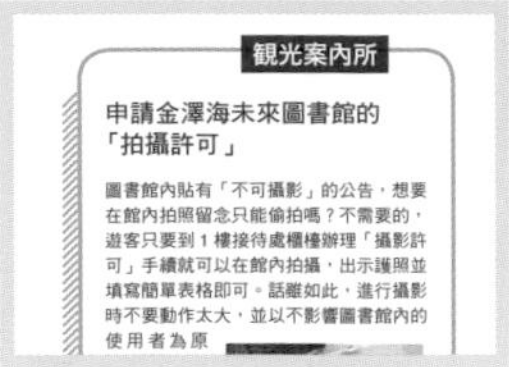

觀光案內所

申請金澤海未來圖書館的「拍攝許可」

圖書館內貼有「不可攝影」的公告，想要在館內拍照留念只能偷拍嗎？不需要的，遊客只要到1樓接待處櫃檯辦理「攝影許可」手續就可以在館內拍攝，出示護照並填寫簡單表格即可。話雖如此，進行攝影時不要動作太大，並以不影響圖書館內的使用者為原

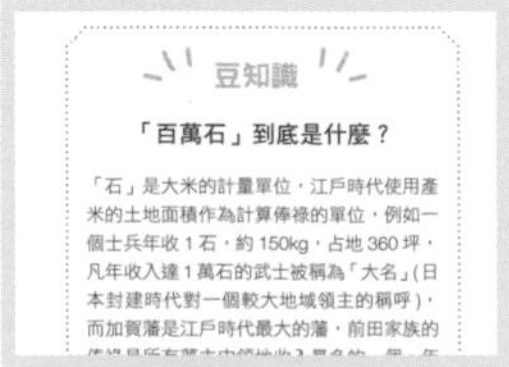

豆知識

「百萬石」到底是什麼？

「石」是大米的計量單位，江戶時代使用產米的土地面積作為計算俸祿的單位，例如一個士兵年收1石，約150kg，占地360坪，凡年收入達1萬石的武士被稱為「大名」(日本封建時代對一個較大地域領主的稱呼)，而加賀藩是江戶時代最大的藩，前田家族的

慢遊散策

主計町茶屋街

在安排東茶屋街行程時，不妨順路逛逛附近的主計町茶屋街。相比起熱鬧的東茶屋街，主計町茶屋街明顯低調多了，延綿在淺野川沿岸的格子窗緊閉著，門口沒有擺放餐牌的高級料亭，黃昏時分還能隱約聽到三味線的聲音，充滿神祕感。

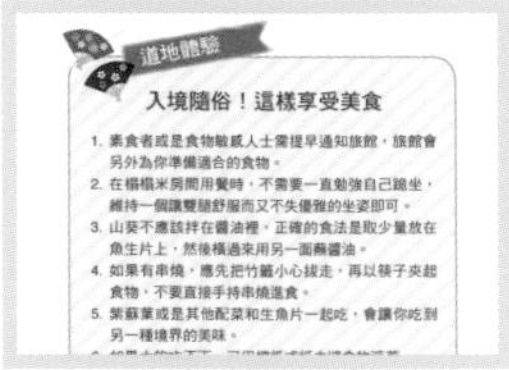

道地體驗

入境隨俗！這樣享受美食

1. 素食者或是食物敏感人士需提早通知旅館，旅館會另外為你準備適合的食物。
2. 在榻榻米房間用餐時，不需要一直勉強自己跪坐，維持一個讓雙腿舒服而又不失優雅的坐姿即可。
3. 山葵不應該拌在醬油裡，正確的食法是取少量放在魚生片上，然後橫過來用另一面蘸醬油。
4. 如果有串燒，應先把竹籤小心拔走，再以筷子夾起食物，不要直接手持串燒進食。
5. 紫蘇葉或是其他配菜和生魚片一起吃，會讓你吃到另一種境界的美味。

▲實用小BOX

透過豆知識、觀光案內所、慢遊散策及道地體驗等專欄，讓你的旅行更貼近當地生活、以及解決行程中的不便，讓旅行更有趣。

石川縣金澤市廣坂1-2-1 076-220-2800 展覽區10:00～18:00(週五、週六開放至20:00，逢週一及12/31～1/1休館)，免費交流區09:00～22:00(12/31～1/1不開放) 交流區免費，特展基本成人票¥1,000(視不同展覽而有票價調整) 乘搭「城下町金澤周遊巴士」於「廣坂．21世紀美術館」下車，步行2分鐘 1小時 www.kanazawa21.jp MAP P.30

▶詳細資訊

提供詳盡的地址、電話、營業時間、價錢與注意事項等實用資訊。

▼實用地圖

將各區的景點、地標、飯店、餐飲及購物等標地詳列，一目了然。

本書使用圖示說明

地址	價錢	網址
電話	如何前往	注意事項
時間	停留時間	地圖

圖例

景點	購物	住宿
機場	美食	足湯
重要地標		

日本中部魅力發現

日本の中部地方の魅力を発見

在寒冬綻放的梅花、初春盛開的櫻花、五月天限定的紫藤花……每一次到日本旅行總會遇見一片季節限定的花海。

三町古街

期間限定紫藤花開

高山的三町古街是一條保留江戶時代氣息的傳統老街，每年到了5月初，盛開的紫藤花，成為古街期間限定的風景，有垂掛在屋簷上的，也有種植在房子門口的，淡紫色的花朵搭配黑色的木造建築非常優雅。(P.98)

兼六園

名園梅花見

說到「花見」，大家會馬上聯想到櫻花，但這個有上千年歷史的賞花習俗，剛剛傳入日本時，其實是指觀賞梅花，到了平安時代才漸漸變成觀賞櫻花。冬天過後，在兼六園的梅林，就能欣賞到大片的梅花。(P.42)

名古屋城

夢幻櫻花開滿城

名古屋城作為德川家康統一天下的證明，也是遊客必訪的名古屋景點之一。如果在3～4月初這段時間到此，就能看到櫻花滿開的景象，粉櫻為本來就威風凜凜的名古屋城，添加一份柔美氣息。(P.197)

雪見

冬季的豪雪把飛驒地區妝點成夢幻的白色世界，想要前往「冬日童話村落」的白川鄉？還是到奧飛驒享受雪見溫泉？期間限定的立山黑部雪壁大谷，也相當令人嚮往。

立山黑部

翻山越嶺抵達的祕境

立山黑部被譽為「日本阿爾卑斯山」，這條著名的山嶽觀光路線，每年因為大雪而有大約半年的封山期，卻也因為清理這些厚雪而開闢出來的道路，竟成為大批觀光客夢寐以求的熱門景點。(P.232)

新穗高高空纜車

遠眺群山冬季絕景

要欣賞這片媲美瑞士阿爾卑斯山的壯麗景觀，只要搭乘一趟纜車，就能由奧飛驒溫泉鄉的新穗高溫泉站，一躍抵達標高2,156米的西穗高口站，360度絕美的純白美景就在眼前！(P.160)

白川鄉

冬日童話村落

白川鄉在1995年被以「白川鄉五箇山的合掌構造集落」的名義登錄世界文化遺產。每年冬天，白川鄉被厚厚的白雪覆蓋，總共有114座合掌造建築，錯落有致地散落在山村之中，樸實而優美的景象讓人一見難忘。(P.72)

京都只有一個，但散發懷古幽情的「小京都」在全日本卻不只一個！岐阜縣的高山市被稱為「飛驒小京都」，石川縣的金澤市也有「北陸小京都」之美譽。

金澤

北陸小京都

金澤所在的「加賀藩」是江戶時代最大的藩，加上得天獨厚地倖免於戰火摧殘，兼六園、東茶屋街、長町武家屋敷跡等名勝古蹟得以完好保存，前來細味「加賀百萬石」的古都風韻吧！(P.28)

高山

飛驒小京都

高山完整保留了江戶時代遺留下來的城下町，老街裡經營了好幾個世紀的老字號商鋪鱗次櫛比，漫步在三町古街，彷彿時光倒流300多年，來感受一下飛驒地區的歷史與傳統文化。(P.90)

小心！來一趟中部可能胖幾公斤回去，這裡有不少以重口味和濃郁的肉類料理為主的美食，例如名古屋地道名物「鰻魚飯三吃」和味噌炸豬排，還有能夠在高級和牛名單中占一席之位的岐阜縣飛驒牛，也同樣讓人神往！

飛驒牛

高水準品質的肉品

「飛驒牛」是指在岐阜縣內經過14個月以上培育的黑毛和牛，只有肉質等級為A級或B級的5～3級才能稱為飛驒牛。飛驒牛不論在脂肪比例，還是色香味等肉質鑑定方面都達到極高水準，加上親切的價格讓其大受歡迎。

朴葉味噌

飛驒代表鄉土料理

若問道飛驒地區的代表鄉土料理，必然是「朴葉味噌」。朴葉的香味融入味噌中，其獨特的風味，不論是做成下酒菜或是直接配飯都非常適合。

鰻魚飯三吃

燒烤製作各有其趣

一碗鰻魚飯，三種吃法！貴為名古屋的必吃美食，鰻魚被烤至酥脆帶焦香，單吃可以品嘗到油脂濃縮的魚香，加入配料一起品嘗或是做成茶泡飯，皆各有特色。

蕎麥麵

手打製作 Q 彈有勁

蕎麥麵只採用三種材料製作：蕎麥、麵粉和水，因此蕎麥粉的好壞、水的純淨度，還有製作過程，都會影響到蕎麥麵的香味、外觀和口感純手工製作Q彈有勁，十分美味。

高山拉麵

大骨熬湯集成美味精華

高山拉麵屬於醬油派系，特色是加入雞骨或豚骨跟醬油一起熬煮的高湯，味道濃郁而不油膩，配以細捲麵，再加上蔥花、叉燒肉、筍乾等食材吃上一碗，獲得大大滿足。。

海鮮丼

鮮甜海味滿溢飯碗

海鮮丼是金澤近江町市場的名物，遊客來到有「金澤廚房」之稱的近江町市場，就是為了一碗極致奢華的海鮮丼，石川縣的活跳海味匯集在一碗丼飯裡面，豪邁的分量讓食材幾乎要從碗內滿出來！

味噌炸豬排

祕傳醬汁遠近馳名

在剛炸好的厚豬排上淋上祕傳的赤味噌汁醬，味道濃郁醇厚並帶點香甜，扎實的味道和分量，讓味噌炸豬排成為遊客最愛的名古屋美食之一！

咖哩烏龍麵

濃厚韻味齒頰留香

名古屋的咖哩烏龍麵帶有濃厚粘稠的獨特口感，加入多種香辛料的咖哩湯汁，和粗大Q軟的烏龍麵條非常相襯，讓人一吃就上癮。

現代 げんだい

簡約俐落的線條加上明亮挑高的空間，不論是清水混凝土的去蕪存菁，還是玻璃帷幕的透明感，建構及創造許多對未來的想像。

愛・地球博記念公園

無邊際的都市公園

愛・地球博記念公園是2005年愛知萬博的會場，現已重建為一個龐大的都市公園，每逢假日總有很多當地民眾帶著小孩前來玩耍。館內還有一座復原宮崎駿電影《龍貓》裡，小梅和小月的草壁家。(P.204)

金澤海未來圖書館

航向書本的海洋

被評選為「全球最美25座公立圖書館」之一的金澤海未來圖書館，由日本建築師工藤和美與堀場弘所設計，至今已獲得無數個公共建築獎。外牆許多圓窗讓自然光直接滲透，館內空間感十足。(P.50)

金澤21世紀美術館

朝聖藝術殿堂

由建築師妹島和世與西澤立衛共同成立的建築事務所SANAA，所設計的金澤21世紀美術館，採用開放式的空間設計，沒有傳統美術館的拘謹，每年接待超過150萬人，為金澤首屈一指的地標之一。(P.40)

溫泉

せん

說起日本中部的溫泉鄉，喜歡秘湯的人一定要前往由5處溫泉地構成的奧飛驒溫泉鄉；而北上到石川縣境內有著名的加賀溫泉；但要數最受女性歡迎的，應該是讓皮膚水嫩光滑的下呂溫泉。

奧飛驒溫泉鄉

露天風呂天國

奧飛驒溫泉鄉由平湯溫泉、櫪尾溫泉、福地溫泉、新平湯溫泉及新穗高溫泉5個溫泉區組成。區內源泉掛流的流量充沛，露天溫泉的數量超過140處。(P.152)

加賀溫泉鄉

千年歷史傳統溫泉

加賀溫泉鄉自古以來就是北陸地方的溫泉觀光勝地，地處石川縣金澤市近郊，加賀溫泉鄉由幾個相鄰接的溫泉區組成，其中以山代溫泉、山中溫泉和片山津溫泉最受歡迎。(P.168)

下呂溫泉鄉

「日本三大名泉」之一

下呂溫泉的泉質為pH9.18弱鹼性溫泉，猶如天然肥皂般，具有去除皮膚老化角質層的功能，泡完皮膚變得滑嫩有光澤，故有「美人湯」之美譽，深受女性歡迎！(P.132)

名產

日本中部地區幅員廣大，別樹一幟的名產也特別多，不論是技術精湛的工藝品還是風味獨特的食品，把這些東西通通帶回家或是當成伴手禮送給親朋好友，延續旅途上的美好回憶。

黃金蛋糕

貴氣逼人金澤人氣伴手禮

金箔一般應用在建築物、工藝品或藝術品當中，但在金澤，在食品和飲料中加入金箔是很普遍的事情，一般用作食品添加物的金箔都可以安全食用，不妨買這塊貴氣十足的黃金蛋糕當伴手禮如何呢？

猿寶寶

飛驒地區的代表吉祥物

猿寶寶是古代飛驒國窮苦農家做給小孩子的布偶玩具，典型的猿寶寶是全身紅色，沒有五官，手腳末端呈尖狀。基於種種商業考量，現在的猿寶寶造型已經多了許多變化。

貓咪饅頭

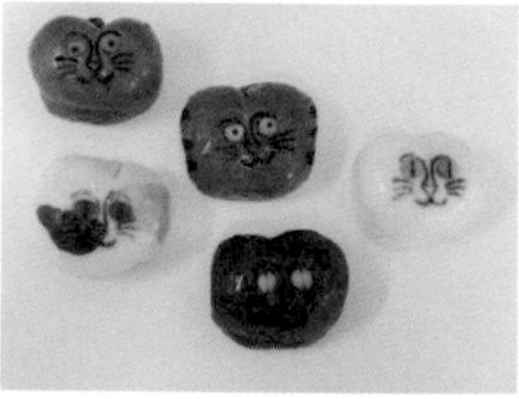

巷弄小貓成靈感來源

貓奴們來到高山，一定不能錯過和菓子處稻豐園這家店！據說創作靈感來自店鋪附近小巷子的貓咪們，每顆饅頭都是手工調和粉團和烙印臉孔，貓臉都長得不一樣。

御乾菓子盒

御菓子調進所山海堂

明治38年創業於山中溫泉的和菓子店，他們的招牌御乾菓子盒非常可愛！在糯米餅盒中放入小巧的金平糖和有寓意的落雁，並附上占卜籤文，每次打開都有驚喜。

九谷燒

日本代表瓷器
豪華絢麗

九谷燒的歷史可追溯到17世紀初，與備前燒、清水燒等日本代表瓷器齊名。絢爛華麗的彩繪是九谷燒最大的特徵，在石川縣的各個觀光景點，可以買到價格親切的九谷燒產品。

加賀棒茶

深得天皇喜愛的茶品

加賀棒茶屬於日本綠茶中的烘焙茶，口感和普通的日本茶不一樣，它是一種利用茶梗烘焙而成的茶品，獨特的底蘊和香氣讓人回味再三！丸八製茶場生產的「獻上加賀棒茶」還曾進貢給天皇喔！

黃金蝦仙貝

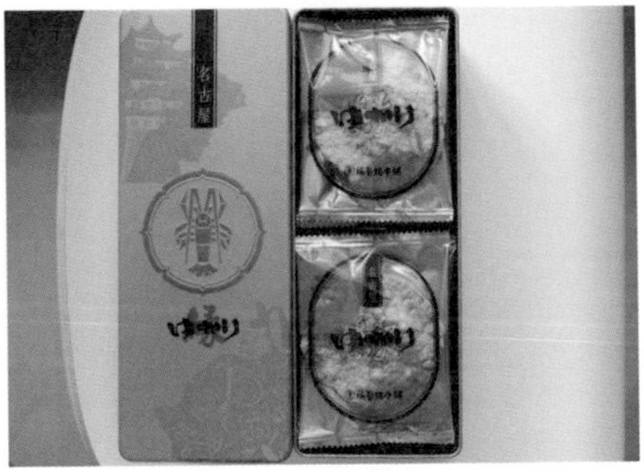

名古屋限定濃郁鮮蝦味

名古屋人喜歡吃蝦仙貝，市面上有各款使用新鮮蝦子烘烤，具有濃厚海味的蝦仙貝，然而在眾多的蝦仙貝品牌中，擁有絕對人氣的就是百年老字號「坂角總本舖」，他們家的黃金蝦仙貝只能在名古屋買得到。

青蛙饅頭

努力不懈的和菓子老店

「青柳總本家」是名古屋的老牌和菓子店，據説店鋪的青蛙標識是源於書法家小野道風的故事，一隻努力嘗試跳躍的青蛙激勵了小野，終成一代名家，青柳總本家便以青蛙做為自家店鋪標識，其中，青蛙饅頭很受遊客喜愛。

都會溫泉之旅 5日遊

使用飛驒路自由乘車券更划算！

想要感受都會氣息？又想遠離煩囂，順便泡一下溫泉？好好利用乘車券規畫行程，不單讓你輕鬆暢遊中部地區，還能省下不少交通費用。

Day 1 抵達名古屋 ↓ 名古屋市區

中部國際機場離名古屋市區大約30分鐘車程，抵達市區後把行李寄放在飯店後就能輕鬆展開行程。為方便行程，請先於各大主要車站購買「飛驒路自由乘車券」並即時劃位指定席。

名古屋市區散發著悠閒的氛圍

位列日本國家級歷史遺跡的高山陣屋

Day 2 名古屋 ↓ 高山 使用乘車券

由名古屋前往高山約需2.5小時，這天不妨早點起床，先在Komeda Coffee享用一下超划算的名古屋式早餐。抵達高山後把行李寄存在飯店，前往三町古街一帶遊覽，之後可往櫻山八幡宮方向前進，參觀高山昭和館或吉島家住宅等。

晚餐就吃飛驒地區的代表鄉土料理朴葉味噌飛驒牛吧！

來到奧飛驒溫泉鄉，可同時享受雪景的雅致與溫泉的舒適

Day 3

高山 ↓ 奧飛驒溫泉鄉

使用乘車券

於高山濃飛巴士總站乘搭巴士前往奧飛驒溫泉鄉，為方便起見，行李可寄放在高山站，回程時取回。這天的行程比較悠閒，抵達奧飛驒溫泉鄉後，於下榻的溫泉旅館好好享受寧靜的時光。

搭乘日本唯一兩層高的纜車，在半空俯瞰北阿爾卑斯群山的冬季絕景

Day 4

奧飛驒溫泉鄉 ↓ 新穗高高空纜車 ↓ 名古屋

使用乘車券

早上於溫泉旅館享用完早餐，而後前往新穗高溫泉，乘搭日本唯一兩層高的高空纜車登上標高2,156米的西穗高口站，俯瞰北阿爾卑斯群山美景。之後直接於新穗高溫泉巴士站乘搭巴士返回高山，取回行李後就換乘JR回名古屋。

榮和矢場町一帶是名古屋的主要商圈之一，區內有多個大型購物商場

Day 5

名古屋半日遊 ↓ 中部國際機場

來到行程最後一天，早上不妨遠離鬧市到覺王山或本山享受一下咖啡時光，或造訪高聳蔥鬱的熱田神宮祈求幸福，離開名古屋前最後血拼，之後搭乘名古屋鐵道的快速特急列車前往機場。

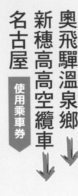

悠閒慢活之旅 6日遊

使用昇龍道巴士周遊券更划算！

名古屋入境、小松出境，途經高山、白川鄉等景點，並預留充分時間遊覽古都金澤，最後以加賀溫泉鄉作為行程的尾聲。偶爾逃離繁重的工作，享受一趟悠閒慢活的小奢華之旅吧！

Day 1

抵達名古屋 → 名古屋市區

使用周遊券

憑昇龍道巴士周遊券，可乘搭由中部國際機場到名古屋市區的班車，抵達市區後把行李寄存在飯店後，就能輕鬆展開行程。

名古屋城周邊的櫻花盛開，十分秀麗

Day 2

名古屋 → 高山

使用周遊券

早上出發，由名古屋乘搭巴士前往高山。在中午之前抵達高山，前往陣屋前朝市和宮川朝市閒逛，之後可到三町古街一帶遊覽，不妨找一家喜歡的町家咖啡店，悠閒喝個下午茶。

高山古街裡隱藏著不少由町家改建而成的日式咖啡店

Day 3

高山 → 白川鄉 → 金澤

使用周遊券

這天行程比較緊湊，需要早起前往白川鄉，預留半天時間在白川鄉遊覽。午後乘搭巴士前往金澤，並於晚上抵達。

寧靜而安逸的景致讓白川鄉擁有「冬日童話村落」的美譽

Day 4

金澤

今日的行程只在金澤市內遊走，建議購買「北鐵巴士1日乘車券」節省時間和交通費用。早上到東茶屋街感受一下江戶時代的花街風情；及後到近江町市場享用豪華而價錢親切的海鮮丼，接下來前往香林坊一帶遊覽，晚上就在香林坊購物和吃晚餐。

匯集石川縣四季時令蔬果和活跳海產的近江町市場

Day 5

金澤↓加賀溫泉鄉

早上可前往國寶級名園「兼六園」參觀，旁邊的金澤城公園也不要錯過；也可一併參觀金澤21世紀美術館。中午過後，由金澤乘JR列車前往加賀溫泉鄉。記得事先預約旅館的接駁車，由加賀溫泉車站直接前往旅館，盡情享受美食和泡湯。

兼六園的「雪吊」是金澤宣告冬天到來的一道風景

Day 6

加賀溫泉鄉↓小松機場

早上於下榻的溫泉旅館享用過早餐後，不妨於溫泉鄉悠閒漫步，如果住在山代溫泉，可前往古總湯附近參觀，或是體驗描繪九谷燒；如果是山中溫泉，就前往鶴仙溪遊步道吸收芬多精；如果是片山津溫泉就到柴山潟湖畔走走。午後搭乘機場巴士前往小松機場。

加賀溫泉鄉的古總湯很受當地人及遊客喜愛

立山黑部深度之旅7日遊

使用立山黑部、高山、松本地區周遊券更划算！

由桃園機場直飛富山機場能讓你節省更多時間，馬上展開一趟立山黑部阿爾卑斯深度遊。配合每年立山黑部的開放時間，使用周遊券，5天內自由搭乘富山與信濃大町之間的8種交通工具橫斷立山黑部，此外，還可以延伸遊覽下呂溫泉、高山、松本等景點。

Day 1 抵達富山→富山市區

抵達富山後，於市區觀光及晚餐。為了讓接下來的行程更輕鬆，可以先把行李宅急便到後天住宿的松本飯店，就可以輕鬆暢遊立山黑部了。

Day 2 富山→立山黑部

使用周遊券

由富山乘搭JR前往立山車站，再換乘登山纜車抵達室堂，在室堂住宿一晚，近距離感受立山的壯麗與寧靜。

黑部水庫建於海拔1,500米處，是日本最大的拱形結構式水庫（照片提供：Kayee）

Day 3 立山黑部→松本

使用周遊券

早上在室堂周邊散步，4月下旬至6月這段期間可欣賞氣勢磅礡的「雪之大谷」，夏季可以健行探索種類豐富的高山植物；中午由室堂乘搭無軌電車、架空索道等交通工具遊覽大觀峰、黑部水庫等景點，各站停留遊玩，晚上抵達松本。

「雪之大谷」於剛開通後的4月下旬至6月期間最為震撼（照片提供：Kayee）

非吃不可！名古屋的特色美食「鰻魚飯三吃」

Day 4

松本→名古屋

使用周遊券

早上在松本市區遊覽，之後乘搭JR特急列車由松本前往名古屋，車程約2小時15分鐘。安頓下來後，前往榮區品嘗名古屋特色美食。

下呂溫泉合掌村裡面的合學造建築都是從白川鄉移建過來的

Day 5

名古屋→下呂溫泉→高山

使用周遊券

早上不妨前往名古屋的地標景點之一「名古屋城」，順路逛逛附近的「金鯱橫丁」，午後乘搭JR到下呂溫泉來一趟半日遊，晚上抵達高山。

Day 6

高山→富山

使用周遊券

早上到陣屋前朝市和宮川朝市體驗地道的高山生活氣息，於三町古街一帶遊覽和吃午飯後，乘搭JR到富山。

Day 7

富山→富山機場

行程的最後一天，可以留在富山市區慢慢逛，之後坐車前往機場。

日本中部全區地圖

金澤

立山黑部

日本中部地區幅員廣大，想要感受熱鬧非凡的大都會風情，就到工業重鎮和著名港口城市名古屋；保留著傳統古韻的高山市和世界文化遺產白川鄉，也是中部不能錯過的景點；置身立山黑部，親身體驗僅見一線藍天的震撼；逃過戰火破壞的金澤市，完好保存數百年的歷史建築值得細細品味；還有知名溫泉鄉……來一趟日本中部之旅，發掘這個地區獨特的魅力吧！

加賀溫泉鄉

高山

白川鄉

傳統和風 わふう

金澤 Kanazawa

金澤得天獨厚地倖免於戰火摧殘，兼六園、東茶屋街、長町武家屋敷跡等名勝古蹟得以完好保存；近年，金澤市也被聯合國教科文組織創設的「全球創意城市網絡」認定為成員城市，來細味「加賀百萬石」的古都風韻之餘，也不妨感受一下這個城市充滿創意的新時代面向。

すいせん

金澤推薦

兼六園

海鮮丼

金箔產品

東茶屋街一帶

國道359
金澤鳥鶏庵
金箔屋Sakuda
桃組
茶屋文化館
箔座
稽古處
志摩
波結
茶屋美人
東茶屋街
公共澡堂
くわな湯
淺野川
主計町茶屋街
東茶屋街巴士站
金澤東警察局
自由軒
箔一
懷華樓
茶房素心
Machi-nori
單車租借處
玄米甘酒のヤマト
油味噌 東山直売所
茶房一笑
淺野川大橋
東山河岸緑地
八百萬本鋪
泉鏡花記念館
淺野川
國道359
HATCHi金澤共享飯店

金澤城公園、兼六園、香林坊一帶

東橫INN
金澤兼六園香林坊
百萬石通
尾山神社
巧克力專門店
SAINT NICOLAS
菱櫓・五十間長屋
橋爪門續櫓
金澤城公園
石川縣觀光物產館
武家屋敷跡
野村家
長町武家屋敷跡
金澤香林坊
Trusty飯店
加賀友禪會館
中央通
香林坊大和
gram
Atrio
Korinbo
Tokyu Square
PATISSERIE OFUKU
兼六園
石浦神社
石川縣立
傳統產業工藝館
片町KRARA
金澤21世紀美術館
石川縣立美術館
LE MUSEE
DE H Kanazawa
犀川
百萬石通
竪町商店街
金澤歌劇院
石川縣歷史博物館
室生犀星記念館
中央通
KanameHOSTEL
鈴木大拙館

金澤站、近江町市場一帶
淺野川
北鐵淺野川線
Dormy Inn
金澤天然溫泉飯店
金澤百番街
金澤Forus
金澤大和Roynet飯店
VIA INN金澤
金澤飯店
北國銀行
笠市支店
金澤西口巴士站
金澤東口巴士站
金澤站
鼓門
金澤站前APA飯店
北陸本線
金澤駅前通
金澤ANA
皇冠廣場飯店
金澤茶屋
金澤站前別院通り商店街
古民藝Morita
謎屋咖啡店
金澤日航飯店
和服出租心結
金澤駅前通
橫安江町商店街
菜喰安心院
林病院
curio espresso
and vintage design
金澤駅前通
金澤天空ANA假日飯店
金澤市立小學
黑門小路
越山甘清堂
百萬石通
近江町市場
Machi-nori
單車租借處
郵局
東出咖啡店
金澤太平洋飯店
金澤Resol Trinity飯店
金澤市玉川圖書館

交通資訊
こうつうじょうほう

◆搭乘飛機◆

距離金澤市最近的機場是小松機場，由桃園國際機場出發須花費約 3 小時，目前往來桃園與小松之間的航線選擇有長榮航空和台灣虎航兩家公司，長榮的班機下午出發、每週 5 天有固定班次，台灣虎航則每週 2 班中午出發。

抵達小松機場後，可搭乘北陸鐵道的特急巴士前往金澤市(停靠站包括：金澤車站西口、近江町市場以及終點站香林坊)，車程約 40 ～ 60 分鐘，成人車費 ¥1,130，兒童 ¥620。

◆搭乘火車◆

日本各地前往金澤交通方式

出發	鐵路／所需時間	指定席價格 (¥)
東京 →	北陸新幹線：約2小時34分鐘	14,120
大阪 →	特急雷鳥號：約2小時43分鐘	7,130
名古屋 →	特急白鷺號：約3小時	6,810
富山 →	普通列車：約1小時	1,220

(資料時有異動，請以官方公布的最新資料為主)

◆金澤市內交通◆

巴士

金澤市沒有地鐵，是以巴士為主要交通工具的城市。在金澤站東口的巴士乘車處可以找到前往市內各景點的巴士路線。

北鐵巴士 1 日乘車券

初次到訪的遊客建議搭乘「城下町金澤周遊巴士」遊覽金澤，這是以金澤站為起點，在金澤市內主要景點行走的循環巴士，於金澤站東口 7 號乘車處等車，分為「右回路線」和「左回路線」兩種，每隔 15 分鐘運行，單程票價跟其他市區巴士一樣為成人 ¥200，兒童 ¥100。

1 日內搭乘超過 3 趟巴士的旅客， 不妨購買「北鐵巴士 1 日乘車券」(成人 ¥500，兒童 ¥250)，可不限次數搭乘城下町金澤周遊巴士、兼六園接駁巴士與北陸鐵道集團路線巴士，但不包含夜間巴士，於指定景點也會有購票折扣。1 日券可在金澤車站或在車內直接向司機購買。

城下町金澤周遊巴士路線圖

RL 0 金澤車站東口
LL 0 金澤車站東口
RL 1 明成小學前
RL 2 小橋町
RL 3 森山一丁目
RL 4 橋場町（東、主計町東茶屋街）
RL 5 橋場町（金城樓前）
RL 6 兼六元町
RL 7 兼六園下・金澤城（石川門對面）
RL 8 廣坂・21 世紀美術館（石浦神社前）
RL 9 本多町（北陸放送前）
RL 10 櫻橋
RL 11 廣小路（大櫻前）
RL 12 片町
RL 13 香林坊（日銀前）
RL 14 南町・尾山神社
RL 15 武藏之辻・近江町市場（名鐵 M'za 黑門小路前）
LL 1 武藏之辻・近江町市場
LL 2 南町・尾山神社
LL 3 香林坊（Atrio 前）
LL 4 片町（Pasion 前）
LL 5 廣小路（寺町寺院前、西茶屋街）
LL 6 櫻橋
LL 7 本多町（金澤歌劇院前）
LL 8 廣坂・21 世紀美術館（石浦神社對面）
LL 9 兼六園下・金澤城（白鳥路前）
LL 10 橋場町（金城樓對面）
LL 11 東山三丁目
LL 12 小橋町
LL 13 明成小學前
近江町市場
ATRI
Antique
YAMAYA

公共租賃自行車Machi-nori (まちのり)

金澤市的公共租賃自行車 Machi-nori(まちのり)，於市內設置了 22 處租借腳踏車的地點，遊客可以在不同地點租車或還車。Machi-nori 的基本租金為 ¥200，之後每超過 30 分鐘額外收取 ¥200。

如果想省卻限時歸還的煩惱，可購買 Machi-nori 腳踏車 1 日券，提供電動腳踏車和普通腳踏車兩種選擇，電動腳踏車半日 (4 小時以內) 租金為 ¥700，一日 (超過 4 小時) 為 ¥1,400，普通腳踏車較便宜，一日租金 ¥900。

MAP www.machi-nori.jp

金澤市內設有多個借腳踏車的地點

依著自己的步伐細味城下町的風貌

黃金茶屋中金碧輝煌

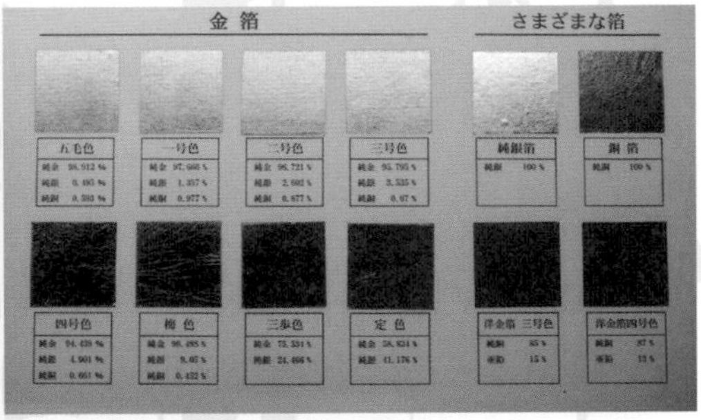

不同金屬比例的金箔，色澤也略有不同

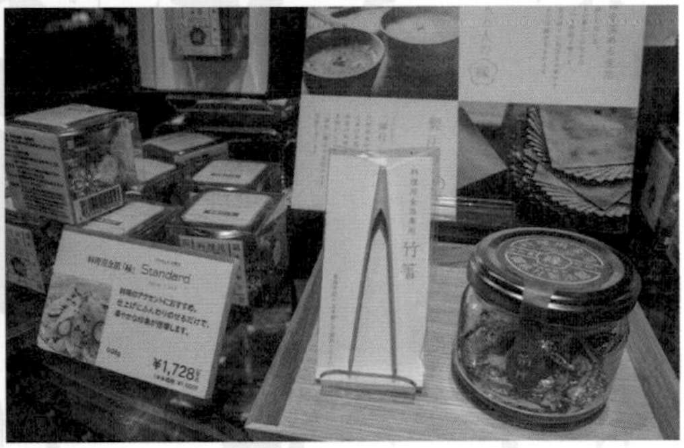

金箔在金澤也很常用於料理中

金澤與金箔

得天獨厚的金箔產地

金澤生產的金箔占全日本生產量的98%以上，金箔是什麼呢？在金塊裡加入微量的銀和銅鎔合後，再夾上專用的日本紙，之後經過不同階段的猛烈敲打，金塊就會延伸為一萬分之一釐米的金箔，幾乎是吹彈可破！就是金澤常見的金箔。

金澤多雨多雪的氣候，有利製作出優良的金箔，加上工匠經年累月的技術改良，使得這門傳統手工藝品至今依然發光發亮，產自金澤的金箔被總稱為「金澤箔」，現已被指定為日本國家傳統工藝品。

金箔一般應用在建築物、工藝品或藝術品當中，但隨著時代變遷，金箔不再局限作為裝飾使用，旅客到訪金澤可以買到加入金箔的保養品、食品、飲料等伴手禮，有些店鋪還提供參觀金箔製造過程的導覽，以及讓遊客體驗貼金箔的活動。

金箔傳統應用

日本約在16世紀末開始製造金箔，金箔一開始作為工藝材料使用，廣泛應用於建築物、佛像、屏風、漆器與陶瓷等。當時的幕府為了鞏固經濟而頒布了「箔製造統制」，規定金箔只限江戶（即現在的東京）與京都可以製造，儘管如此，加賀藩主還是私底下製作金箔。

到了19世紀後半，金澤終於能合法製作金箔了，比起鞏固地區兵力，歷代加賀藩主更著重工藝發展，於是吸納大量技術高超的工匠，造就金澤成為知名的工藝之都。

為了彰顯權力和財力，幕府的掌權者們都喜歡在建築物上使用金箔，金箔成為裝飾宮殿城廓和寺廟不可或缺的建築材料之一。要數日本最知名的貼金建築，一定是京都的金閣寺，整座建築物被金箔覆蓋，並與水中的倒影互相輝映，金光閃閃的景象讓人驚歎不已！在金澤東茶屋街的「箔座稽古處」，也有一間裡裡外外都貼滿24K金箔的「黃金茶屋」供遊客參觀。

除了建築物會用金箔作為裝飾之外，在源遠流長的日本工藝史上，也能找到金箔的蹤影。江戶時代的代表工藝家尾形光琳，愛好使用金箔作畫，他的作品為日本的繪畫、工藝、意匠等帶來極大影響，而這些金碧輝煌的工藝裝飾，也奠定了日本的傳統美術風格。

金箔器皿 ¥4,000

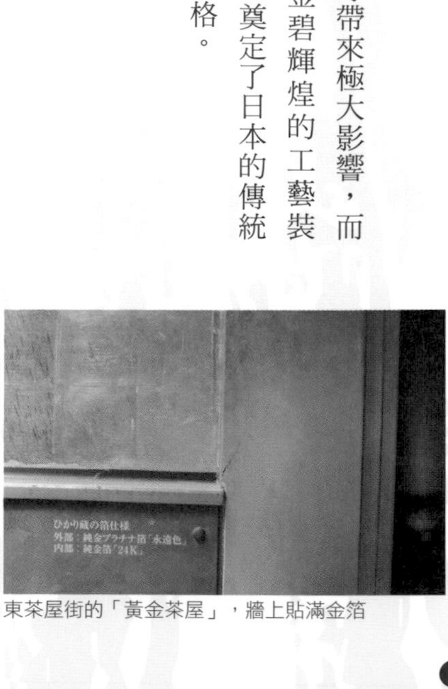

東茶屋街的「黃金茶屋」，牆上貼滿金箔

金箔伴手禮

自古以來，黃金都是皇室貴族的美顏祕方，相傳埃及豔后和慈禧太后都用黃金護膚。往臉上「貼金」能否保持青春美麗就見仁見智，但走在金澤街頭不難發現琳瑯滿目的金箔保養品及護膚品。

其實有一種我們熟悉的美容產品也和金箔大有關係的，那就是吸油面紙！敲打黃金延展變薄時，所夾著的日本紙就是吸油面紙，加入金箔的吸油面紙更顯貴氣，作為伴手禮十分適合。

「箔一」的 KINKA 金箔保濕面霜 ¥3,780

金箔吸油面紙

金箔食品飲料

把金箔吃進肚子裡會否會導致重金屬中毒？放心，一般用作食品添加物的金箔純度都在90%以上，經過多次冶煉鍛打，黃金裡面的重金屬雜質已被去除，可以安心食用。世界衛生組織早在1983年，將黃金列為食品添加物的範疇，被吃下的金箔量極小，而且食用後約24小時就會排出體外，不會在體內堆積。

黃金蛋糕 ¥1,490

可應用於料理的金箔

金澤烏鶏庵的金箔霜淇淋 ¥700

「箔一」貼金箔筷子體驗

金澤有不少店舖提供貼金箔體驗，從筷子、杯墊、碟子、鏡子、玻璃杯、多邊形小盒等選項中選擇自己喜愛的物件，體驗價錢 ¥500 ～ 2000 不等，時間大約 20 分鐘。

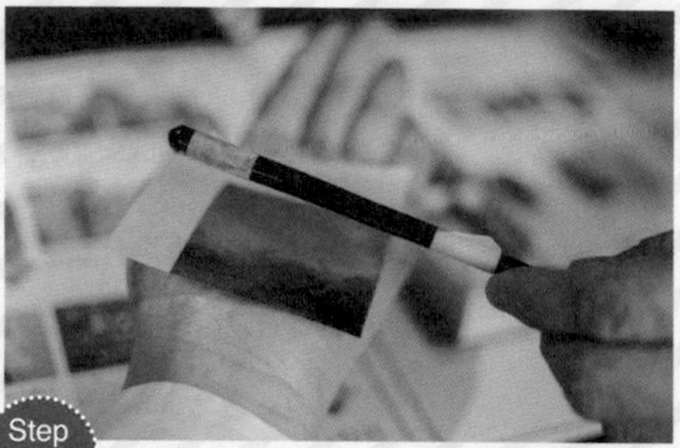

Step 1 把金箔放平在手心，用力滾動筷子。

Step 2 剩餘的金箔也不要浪費，盡量按壓在筷子上。

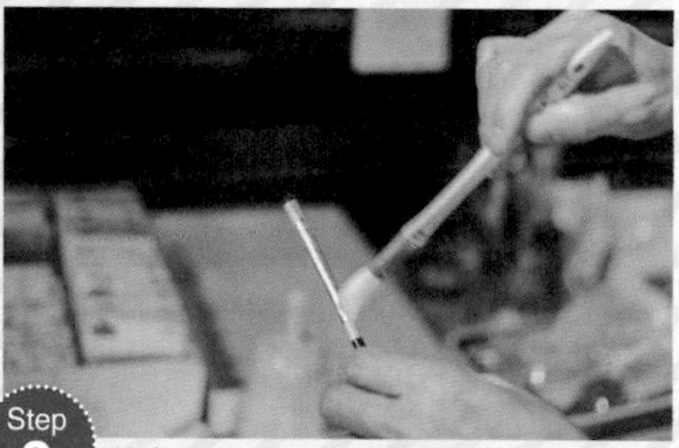

Step 3 均勻在貼了金箔的部分塗上膠水，用吹風機把膠水吹乾。

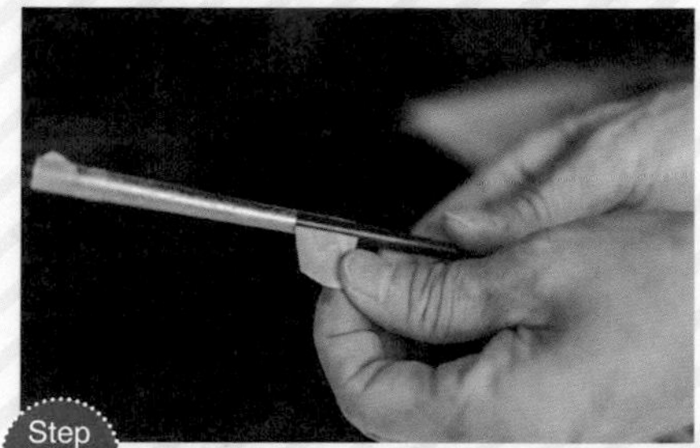

Step 4 等候大概 5 分鐘後就能撕掉封口的膠帶。

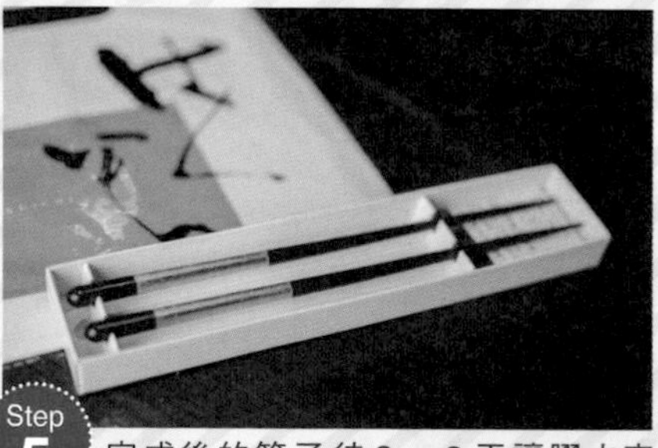

Step 5 完成後的筷子待 2 ～ 3 天讓膠水完全乾掉就能使用，清洗時也要特別小心。

五十間長屋的內部展示

2015 年重建的庭園——玉泉院丸

☒石川縣金澤市丸之內1-1 ☎076-234-3800 ⏲3/1～10/15 07:00～18:00，10/16～2月底08:00～17:00；「菱櫓・五十間長屋・橋爪門續櫓」每天09:00～16:30，全年無休 $入園免費，參觀「菱櫓・五十間長屋・橋爪門續櫓」需要購買門票，成人¥310，兒童¥100，65 歲以上免費 ➡乘搭「城下町金澤周遊巴士」於「兼六園下・金澤城」下車，步行3分鐘 ⌛1小時 http www.pref.ishikawa.jp/siro-niwa/kanazawajou MAP P.30

園內種有約 400 株櫻花

金沢城公園

金澤城公園

百萬石文化的金澤城跡

金澤城公園由加賀藩主居住的金澤城改建而成，除了在慶長7年因火災燒毀的天守閣而未重建之外，金澤城裡多座建築物都經過整修，其中於2001年修復的「菱櫓・五十間長屋・橋爪門續櫓」更成為金澤城公園的新地標，重現125年前的傳統木造城廓建築。左右的櫓為護衛城門之用，與武器倉庫的五十間長屋並列，內部展示日本傳統建築「木造軸組式工法」以及各種模型與出土文物等。

金澤城由從前的藩主居所變成今日的都市公園，目前園內種植了約548種植物，彷如金澤市的綠色心臟。除了「菱櫓・五十間長屋・橋爪門續櫓」需要購買門票之外，其他園區免費開放給民眾進入，每年4月上旬至中旬更是賞櫻的好地點呢！

金澤 21 世紀美術館的櫻花盛開，十分動人美麗

金沢21世紀美術館

金澤21世紀美術館

藝術迷和建築迷都不能錯過的朝聖地

自2004年開館以來，金澤21世紀美術館每年接待超過150萬的參觀者，為金澤首屈一指的地標之一。美術館由建築師妹島和世和西澤立衛共同成立的建築事務所SANAA設計，峻工前1個月，美術館已經獲得威尼斯建築雙年展的金獅獎，備受矚目！

金澤21世紀美術館沒有傳統美術館的拘謹，由透明玻璃包圍的圓形建築物沒有表裡之分，整體採用開放式設計，共4處出入口，

✉石川縣金澤市廣坂1-2-1 ☎076-220-2800 ⏰展覽區10:00～18:00(週五、週六開放至20:00，逢週一及12/31～1/1休館)，免費交流區09:00～22:00(12/31～1/1不開放) $交流區免費，特展基本成人票¥1,000(視不同展覽而有票價調整) ➡乘搭「城下町金澤周遊巴士」於「廣坂・21 世紀美術館」下車，步行2分鐘 ⌛1小時 http www.kanazawa21.jp MAP P.30

明亮的室內採光讓每個走進來的人都感覺輕鬆自在，館內設有開放至晚上10點的免費交流區，參觀者可欣賞多件常設藝術品。

說到館內最矚目的作品，非阿根廷藝術家Leandro Erlich所創作的〈The Swimming Pool〉莫屬！這個介於現實與超現實之間的作品，分為地面和泳池底部兩部分，參觀者可以站在池邊窺探在水底遊走的人，若要走進波光粼粼的泳池底部感受穿著衣服「暢泳」的奇妙體驗，則須購票入場，穿過6號展覽室即可到達。

金澤21世紀美術館地處購物區香林坊側，兼六園和金澤城兩處名勝也在附近，不妨安排在同一天遊覽。

〈People's Gallery 09.10.04-21.03.05〉Michael Lin 2004
由加賀友禪圖案創造出來的空間

〈The Swimming Pool〉Leandro Erlich 2004
很受遊客歡迎、造型特殊的游泳池作品

夜間的美術館呈現與日間截然不同的氣氛

兼六園的代表景觀徽軫石燈籠

兼六園

國寶級名園

兼六園是金澤首屈一指的名勝古蹟。本來只是金澤城的庭院，但經過加賀藩主前田家幾代的擴建工程後，無論庭院規模還是藝術造詣都堪稱一絕，並兼具中國宋朝詩人李格非於〈洛陽名園記〉中所描述的6種意境：宏大、幽邃、人力、蒼古、水泉、眺望，因此被命名為「兼六園」，與岡山的後樂園及水戶的偕樂園並列為「日本三大名園」。

兼六園總面積達11萬4千平方公尺，庭園中央以「霞之池」貫穿，池中央有一座貌似海龜的人工島

⊠石川縣金澤市兼六町1 ☎076-234-3800 ◷10/16～2月底08:00～17:00，3/1～10/15 07:00～18:00，全年無休 $成人¥310，6～18 ¥100，65 以上免費(需出示證件) ➡乘搭「城下町金澤周遊巴士」於「兼六園下．金澤城」站下車，步行2分鐘 ⌛1～2小時 http www.pref.ishikawa.jp/siro-niwa MAP P.30

——「蓬萊島」，池畔有一琴柱造型燈籠，燈籠的腳分二支，形狀有如支撐琴弦的琴柱，名為「徽軫石燈籠」，映照在水面的景象美不勝收，為兼六園的代表景觀之一。

兼六園擁有四季截然不同的自然美：每年春季，兼六園及旁邊的金澤城都被美麗的櫻花所著色，園方會配合開花時間，免費開園約一星期；夏季有杜鵑與燕子花；秋季可賞楓；每年11月在冬季來臨之前，金澤人會用繩子綁住樹枝來防止積雪壓斷樹枝，這些綁在樹枝上的線型錐體稱為「雪吊」，成為金澤宣告冬天到來的一道風景，待靄靄白雪降下後，更是夢幻。

3 月可以欣賞滿開的梅花

櫻花滿開的兼六園

雪吊可以防止積雪壓斷樹枝

櫻花滿開的淺野川河畔

古色古香的街道

一整條木造建築的東屋茶街，充滿古樸氣息

東茶屋街

ひがし茶屋街

江戶時代的花街風情

金澤有三大茶屋街，東茶屋街、西茶屋街和主計町茶屋街，當中又以東茶屋街最受國內外遊客喜愛。

獲指定為日本國家重要傳統性建造物群保存地區，東茶屋街完好保存了大片傳統木造樓房，建築物統一樓高兩層，1樓外側是被稱為「木蟲籠」的優美格子狀木窗戶，而2樓則是接待客人的房間，在江戶時代一般禁止2層建築，只有茶屋獲得豁免，可見茶屋的地位超然。

石川縣金澤市東山 076-232-5555(金澤市觀光協會) 茶屋街全日開放，個別店鋪營業時間不同 免費 乘搭「城下町金澤周遊巴士」於「橋場町」下車，步行5分鐘 1～2小時 www.kanazawa-kankoukyoukai.or.jp (景點 > 觀光景點詳情 > 東茶屋街) P.30

時至今日，東茶屋街上大部分的茶屋都被重新裝潢成吸引遊客的店舖，昔日公子哥兒來此流連享樂，一邊喝酒一邊看藝伎表演歌舞，如今遊客前來也可以走進優雅的喫茶店，或是穿著和服在古老街道體驗傳統風情。

不論是京都的祇園，還是金澤的茶屋街，從前舞妓、藝妓匯集的花街，如今都變成讓遊客接觸日本傳統歷史文化的地方。

慢遊散策

主計町茶屋街

在安排東茶屋街行程時，不妨順路逛逛附近的主計町茶屋街。相比起熱鬧的東茶屋街，主計町茶屋街明顯低調多了，延綿在淺野川沿岸的格子窗緊閉著，門口沒有擺放餐牌的高級料亭，黃昏時分還能隱約聽到三味線的聲音，充滿神祕感。

東茶屋街一河之隔的主計町茶屋街

加賀藩政時代的武士居所

長町武家屋敷跡

ながまちぶけやしきあと

拜訪加賀武士的居所

由金澤最繁華的購物區香林坊拐進小路，不一會兒就抵達長町。這一帶過去是加賀藩時代的上、中階級藩士的居所，狹窄的石疊路、土牆和長屋門等，都在訴說過往數百年的歷史，藩政時代的風貌，瞬間呈現在遊客眼前。

由1583～1868年的285年間，金澤一直是前田家支配的加賀藩領地，

石川縣金澤市長町　076-232-5555(金澤市觀光協會)　全年無休　免費　乘搭「城下町金澤周遊巴士」於「香林坊」下車，再步行6分鐘　1小時　www.kanazawa-kankoukyoukai.or.jp(景點 > 觀光景點詳情 > 長町武家屋敷跡)　P.30

武家屋敷跡靜靜訴說封建時代的歷史故事

度過接近3個世紀的和平繁榮後，封建制度崩解，武士家族的地位隨之消失，本來的家園被改建、拆掉，只有大門和圍繞房子的土牆殘留下來。當時的土牆是以石頭以及土壁塑形製作而成，每年12月初～3月中會把土牆用乾稻草覆蓋起來，這樣做是為了防止融雪時壁面剝落。

長町錯綜複雜的街道是為了阻止敵人入侵，綿延的淺黃色土牆和曲折的石疊路加上有不少死巷，小心不要迷路！如果想要收集更多這一區的觀光資訊，不妨到「長町武家屋敷休息館」去，這是一家位於野村家附近的觀光據點，除了觀光資訊，還有休息室和洗手間等設施，供遊客自由使用。

櫻花紛飛的小巷子

野村家是遊客必訪的金澤景點之一

武家屋敷跡野村家

ぶけやしきあとのむらけ

唯一對外開放參觀的武家屋遺址

數百年後的今天，經過復原整修的長町武家屋敷跡成為遊人到訪金澤必逛的景點之一，然而居住在這裡的不再是驍勇善戰的武士，而是普通平民百姓。唯一一間開放參觀的武家屋遺址，是在前田家支配加賀藩期間世代擔任重要職務的野村家——「加賀藩十二百石野村家」。

✉金澤市長町1-3-32 ☎076-221-3553 🕘4～9月08:30～17:30，10～3月08:30～16:30，12/26、27休館 $成人￥550，高中生￥400，中小學生￥250 ⏳0.5小時 http www.nomurake.com MAP P.30

走進這座建於1843年的府邸裡面，全檜木製的格狀天花板和帶有玻璃的紙拉門等建築風格都有別傳統，屋內每一扇紙拉門上均有一張狩野派的畫家佐佐木泉景繪製的山水畫，屋內還展示著野村家祖傳的甲冑、劍、家具和貨幣等。

坐在名為「上段之間」的房間裡就能看到一個享負盛名的日本庭園，庭園裡有棵樹齡400年的山桃，據說山桃這種樹在北陸地區是很難種植，加上人工瀑布、雪見燈籠以及其他名石奇岩環繞的庭園造景，讓其榮登全日本第3名的日式庭園，僅次於島根縣的足立博物館和京都的桂離宮！

加賀藩十二百石野村家

狩野派的畫家佐佐木泉景繪製的山水畫

唯有透過野村家感受百年古蹟歷史氛圍

優雅的庭園造景讓野村家引以自豪

豆知識

「百萬石」到底是什麼？

「石」是大米的計量單位，江戶時代使用產米的土地面積作為計算俸祿的單位，例如一個士兵年收1石，約150kg，占地360坪，凡年收入達1萬石的武士被稱為「大名」(日本封建時代對一個較大地域領主的稱呼)，而加賀藩是江戶時代最大的藩，前田家族的俸祿是所有藩主中領地收入最多的一個，年賦百萬石，待遇和德川御三家的待遇幾乎一樣，因此被譽「加賀百萬石」。

香林坊的百萬石通

金澤海未來圖書館挑高的建築內部

金澤海未來圖書館

金沢海みらい図書館

在輕盈夢幻的書海中暢泳

由日本年輕建築師工藤和美與堀場弘所設計、獲得無數公共建築獎的金澤海未來圖書館，被美國娛樂藝文新聞網站 Flavorwire 評選為「全球最美25座公立圖書館」之一。

如一個白色的方形盒子被放在草地上，金澤海未來圖書館的外牆上整齊地排列了6,000個圓窗，使得自然光直接滲透到室內空間，加上挑高的建

石川縣金澤市田中町イ1-1 076-266-2011 平日10:00～19:00，週末及國定假日10:00～17:00，逢週三休館，12/29～1/4以及特別整理期間也不會對外開放 免費 金澤市區乘搭往金石・大野方向的北陸鐵路巴士60、61或63號，於「金澤海未來圖書館前」下車即到，需時大概20分鐘 1小時 www.lib.kanazawa.ishikawa.jp

築內部加強空間感，就算在陰天也能維持明亮通透。

金澤海未來圖書館因為坐落於金澤海附近而命名，館內藏書量達40萬本，1樓為兒童圖書區，2樓是一般圖書區，3樓的「地域資訊區」收藏了豐富的石川縣歷史和文化資料。

圖書館歡迎所有人入內，沒有要借書的話不需辦證，來這片輕盈又夢幻的書海中暢泳吧！

就算在陰天也明亮通透的室內空間

觀光案內所

申請金澤海未來圖書館的「拍攝許可」

圖書館內貼有「不可攝影」的公告，想要在館內拍照留念只能偷拍嗎？不需要的，遊客只要到1樓接待處櫃檯辦理「攝影許可」手續就可以在館內拍攝，出示護照並填寫簡單表格即可。話雖如此，進行攝影時不要動作太大，並以不影響圖書館內的使用者為原則，避免拍到清楚的人臉，如果可以，也請關掉快門聲。

金澤海未來圖書館攝影許可證

方形盒子般的建築物外表

藏書量非常豐富，高達40萬冊

鈴木大拙館

走進佛學權威的哲學空間

鈴木大拙是一位出生在金澤的日本佛教學者，透過演講及用英文寫作了大量關於禪宗的著作，讓D.T.Suzuki這名字享譽世界。27歲首次踏足美國，之後多次到歐美各地講學，他的禪學論述影響了一整個時代的人，當中包括蘋果公司的共同創辦人賈伯斯。這個建於他出生地旁邊的「鈴木大拙館」，是由谷口建築設計研究所的谷口吉生所設計，利用迴廊連接了「玄關棟」、「思索空間」和「展示空間」，也構成了「水鏡之庭」和「玄關之庭」等區域。前來這裡可以欣賞靜謐的建築，可以沉思哲學和人生，同時讓內心獲得片刻的放空。

思索空間棟與水鏡之庭

鈴木大拙館的招牌

石川縣金澤市本多町3-4-20 076-221-8011 09:30～17:00 (最後入館時間16:30)，週一休館 成人¥300，65歲以上¥200，高中生以下免費 乘搭「城下町金澤周遊巴士」於「本多町」下車，再步行4分鐘 0.5～1小時 www.kanazawa-museum.jp/daisetz MAP P.30

石浦神社

最古老的神社、最萌的水玉御守

擁有將近1,500年歷史的石浦神社是金澤最古老的神社，看起來是一座傳統而莊嚴的神社，然而神社境內卻充滿濃濃的少女心。神社的吉祥物是一隻名叫Kima-Chan的兔子，而繪馬、神籤、御守與朱印帳等，都印上色彩繽紛的水玉圓點，讓人大呼可愛！這裡供奉著主宰結緣與家內安全的大國主大神，所以也是一所祈求姻緣的神社喔！

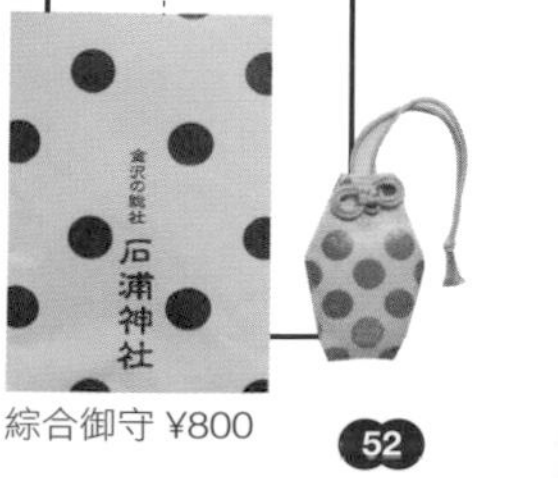

綜合御守 ¥800

石浦神社是金澤最古老的神社

許多遊客來此掛上水玉及結緣繪馬，祈求一段好姻緣

Kima-Chan 開運筆記本 ¥300

石川縣金澤市本多町3-1-30 076-231-3314 全年無休 免費 乘搭「城下町金澤周遊巴士」於「廣坂・21世紀美術館」下車，或由金澤21世紀美術館或兼六園徒步前往 0.5小時 www.ishiura.jp MAP P.30

石川縣立傳統產業工藝館

加賀鄉土玩具八幡不倒翁

石川縣立傳統產業工藝館

與生活息息相關的傳統工藝品

石川縣貴為「工藝王國」，擁有九谷燒、加賀友禪、金澤金箔、輪島塗、山中漆器等流傳至今的日本傳統工藝。石川縣立傳統產業工藝館與兼六園相連，館內展出由石川縣風土文化所孕育出的共36種傳統工藝品，除了常設展示區、企畫展區以外，還有禮品區與咖啡廳。金澤市於2009年，被聯合國教科文組織創設的「全球創意城市網絡」認定為成員城市，登錄在「手工藝和民間藝術」的領域中，在石川縣立傳統產業工藝館這裡，都能一一欣賞這些源遠流長的傳統手工藝和民間藝術。

石川縣金澤市兼六町1-1　076-262-2020　09:00～17:00(最後入館時間16:30)，4～11月每月第三個週四休館，12～3月每週四和年底新年休館　成人¥260，65 以上¥200，17 以下¥100，未滿6歲免費　乘搭「兼六園接駁巴士」於「石川縣立美術館．成巽閣」下車，或穿過兼六園由展館西口進入　0.5～1小時　ishikawa-densankan.jp　MAP P.30

尾山神社

融合和漢洋三大風格的神社

尾山神社的門樓融合了三大風格

尾山神社祭祀加賀首任藩主「前田利家公」與「正室松氏」前。建於明治8年的「神門」，現在被指定為國家的重要文化財產，這是一座融合了和、漢、洋三大風格的門樓，最上層的洋風彩色玻璃別具特色，頂端還有日本最古老的避雷針。

梅花御守 ¥1,000

祭祀加賀首任藩主的神社

繪馬圖樣十分精緻

石川縣金澤市尾山町11-1　076-231-7210　全年無休　免費　乘搭「城下町金澤周遊巴士」於「南町．尾山神社」下車，再步行4分鐘　0.5小時　www.oyama-jinja.or.jp　MAP P.30

びしょく

金澤美食

近江町市場館的外觀新穎，就像一座小型百貨公司

近江町市場

來「金澤廚房」品時時令海鮮與蔬菜

說到金澤的美味，怎能不提擁有近300年歷史的近江町市場？

被譽為「金澤廚房」的近江町市場，匯集石川縣四季時令蔬果和活跳海產，擁有超過170家新鮮魚類和蔬菜等食材專門店。除了吸引觀光客，這裡也是金澤當地及鄰近地區居民，每天採購新鮮食材的地方，絡繹不絕的人流和店家此起彼落的吆喝聲，構成

✉金澤市青草町 ☎076-231-1462(近江町市場商店街振興組合) ⏲新鮮食材店08:00～17:00，餐廳11:00～23:00 (各店鋪不同) ➡乘搭「城下町金澤周遊巴士」於「武藏之辻・近江町市場」下車 http ohmicho-ichiba.com MAP P.31

一張熱鬧非凡的景象。

旁邊的近江町市場館目前約有37家飲食店進駐，豪華而價錢親切的海鮮丼就是這裡的名物，來大啖道地的美食吧！

熱鬧的近江町市場

帶藍色卵的甜蝦

蒲燒鰻魚肥美鮮嫩，受到當地人喜愛

觀光案內所

不時不食！近江町市場的四季時令食材

- 春 竹筍、山菜、沙丁魚
- 夏 竹莢魚、岩牡蠣、紫柄茄子、加賀黃瓜
- 秋 能登松茸、甜蝦、加賀蓮藕、比目魚
- 冬 松葉蟹、青甘魚、加賀圓芋

秋冬是品嘗螃蟹的季節

近江町市場必吃可樂餅

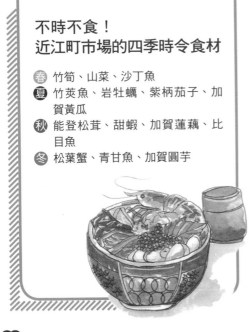

近江町市場內

山桑壽司

山さん寿司

人氣 No.1 的排隊店鋪！極致奢華海鮮丼

山桑壽司是近江町市場其中一家超人氣店舖，招牌的海鮮丼堆滿了螃蟹、貝類、甜蝦、海膽、鮭魚卵、鮪魚等18種海鮮，豪邁的分量讓食材幾乎要從碗內滿出來！由於大受歡迎，店家門口常常出現排隊人龍，敬請預留等候時間。

門口常常出現排隊人龍

招牌海鮮丼 ¥3,000

8 貫壽司 ¥1,400

近江町市場內

旬彩和食口福

以合理的價格大啖美味料理

旬彩和食口福標榜以合理的價格，讓顧客品嘗到時令的加賀料理，每日不同款式的限定午餐只需¥890，非常划算！不妨來一碗「北陸AKB」，此AKB不同彼AKB，說的是以甜蝦、蟹肉和鰤魚的羅馬發音首個字母命名的海鮮丼。

蟹肉什錦蓋飯 ￥1,880

旬彩和食口福

北陸 AKB 海鮮丼￥1,900

近江町市場內

近江町食處鮮彩緣

盡享新鮮北陸海味

近江町食処鮮彩えにし

「鮮彩緣」每天在近江町市場精選時令海產製作料理，新鮮就是他們最大的魅力！特製的海鮮丼讓食客盡享北陸海味，此外，附味噌湯和沙拉的9款迷你海鮮丼，也相當有人氣，單點1款¥900，2款¥1,760，3款¥2,600。

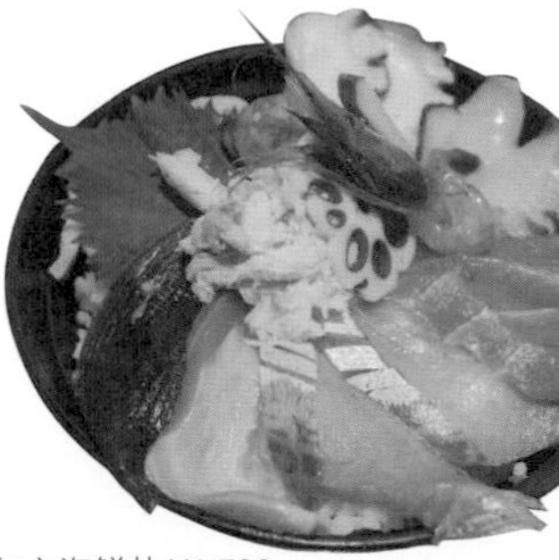

旬之海鮮丼 ¥1,780

迷你海鮮丼 ¥900

近江町食處鮮彩緣

近江町市場內

近江町海鮮丼家平井

眼花撩亂的海鮮丼款式

近江町海鮮丼家ひら井

近江町海鮮丼家平井提供20款不同種類的海鮮丼，價格由小碗海鮮丼到頂級的金槍魚丼任君選擇。店長推薦的是鋪滿14種時令海鮮的近江町海鮮丼，另外，雲集油甘魚、甜蝦和松葉蟹的金澤三味丼也相當推薦。

近江町海鮮丼家平井

基本款的海鮮丼 ¥1,850

擁有挑高明亮的空間的 LE MUSEE DE H Kanazawa

🖂金澤市出羽町2-1(石川縣立美術館內) ☎076-204-6100 🕘10:00～19:00，全年無休 ➡搭乘「城下町金澤周遊巴士」於「廣坂．21世紀美術館(石浦神社前)」下車，往石川縣立美術館方向步行 5 分鐘 http le-musee-de-h.jp MAP P.30

ルミュゼドゥアッシュKanazawa

LE MUSEE DE H Kanazawa

美術館內的超人氣咖啡店

隱身在石川縣立美術館內的這家店來頭不小，創辦人辻口博啟，是目前日本最受矚目的甜點大師之一。出身石川縣，辻口18歲入行，23歲以日本史上最年輕的甜點師之姿，奪下洋果子技術大賽冠軍，此後更在國內外的比賽中連連獲勝，晉身為日本甜點界的殿堂人物，由他設計的蛋糕，更堪稱為「蛋糕界的LV」。

2008年，辻口博啟回到家鄉，與石川縣立美術館合作開了這家店。LE MUSEE DE H Kanazawa 最大的特色是使用了許多金澤和能登半島的道地食材製作甜點。每件都是藝術品！

辻口加賀棒茶蛋捲 ￥335

「金澤限定」YUZEN 友禪 ￥513，

買い物 金澤購物

位於金澤東口的鼓門

金澤站

全球14個最美麗的車站之一

金沢駅

美國旅遊雜誌《Travel & Leisure》於 2011 年選出全球14個最美麗的車站，日本石川縣的金澤站憑其傳統與創新並存的獨特造型躋身榜單。由日本建築師白江龍三所設計，金澤站於 2005 年完工，是一個結合鐵路網絡、購物中心與城市廣場的多功能現代化場所。

金澤是一個多雨又多雪的地方，當地有句諺語這樣說：「便當可以沒帶，但傘不能忘記帶。」作為進入金澤的門戶，金澤站貼心地融入待客之道，鋪上 3,019 片採光玻璃的帷幕圓頂，就像巨傘一樣為遠道而來的遊客遮雨擋雪。

金澤站最受矚目的標誌性建築一定是位於東口廣場的「鼓門」。這座高 13.7 公尺的紅色巨型木建築，以金澤的能樂流派「加賀寶生」中的小鼓造型為設計概念，螺旋而上的枝柱其實是排水管，下雨時收集雨水做灌溉之用，下雪時也可以排走屋頂上的融雪。

石川縣的吉祥物「百萬先生」

金澤百番街不出站就能方便購物

金澤站內

金澤百番街

金沢百番街

車站內的大型購物商場

金澤百番街是由「Anto」（あんと）、「Rinto」和「Anto 西」（あんと西）三個部分構成的大型購物商場，位於JR金澤站內，讓你足不出車站就能盡情購物！「Anto」匯集金澤引以為傲的特產和傳統工藝品，遊客於美食街還能輕鬆品嘗北陸時令料理；「Rinto」以流行時尚主題，男裝、女裝、彩妝保養品、飾品配件、雜貨等店家齊聚一堂；「Anto 西」裡有大型超市、藥妝店、便利商店等店舖。百番街也設有郵局跟觀光情報中心，方便遊客盡情享受購物樂趣。

✉石川縣金澤市木之新保町1-1 ☎076-260-3700 ⏲07:00～23:00(各店舖營業時間或不同)，1/1休館 ➡金澤站即達 http www.100bangai.co.jp MAP P.31

雜貨、工藝品店

九谷燒、金澤漆器、加賀手鞠、加賀友禪、金箔……這些都是知名的金澤傳統工藝品，然而身為遊客，你也許會因為傳統工藝品的價錢和體積而卻步，到底有沒有一些雜貨小物既能展現百萬石的華麗，又能輕鬆放在身邊每天使用呢？當然有，它們都匯集在「金澤百番街」這裡！

創業超過 140 年的「金澤九谷高橋北山堂」，提供種類繁多的九谷燒商品，由 600 多日圓的筷子架到 300 萬日圓的名家藝術品都有；開店已經超過 100 年的「Makanai Cosmetics」，商標是一隻正在努力敲打金箔的兔子，不要錯過金澤限定的可愛商品！

銘菓、食品店

展現加賀文化的華麗風和菓子是最好的伴手禮！茶菓工房 Tarou 在傳統羊羹中加入新元素，以寒天製成、名為「森林之音」的菓子也相當夢幻！名店 LE MUSEE DE H 的雪吊甜點，和手繪盒子まめや金澤萬久的豆菓子也不容錯過。此外，利用茶梗烘焙而成的加賀棒茶，也是讓人回味再三的經典茶品。

「森林之音」¥900／48 粒

九谷燒碟子 ¥1,102

九谷燒小杯子 ¥864

金澤限定絕妙修護高保濕護手霜、吸面油紙套裝 ¥1,100

「まめや金澤萬久」的豆菓子 ¥864／60 克

Makanai Cosmetics 販售包裝可愛的美妝商品

香林坊

北陸最繁華的購物區

香林坊是北陸地區知名的購物區，老字號百貨公司、深受年輕人歡迎的大型購物中心與國際名牌商店林立。每年6月，在通往香林坊中心的百萬石通會舉行大型的「百萬石祭」；到了冬天，大街兩旁的櫸樹則掛上閃亮的燈泡燈飾迎接聖誕節，加上鄰近兼六園與長町武家屋敷跡等觀光勝地，讓香林坊每天也人潮鼎盛！

香林坊是北陸熱鬧的購物區

石川縣金澤市香林坊2-1-1　076-220-5111　10:00~-20:00，餐廳10:00～22:30，各店舖營業時間或不同　乘搭「城下町金澤周遊巴士」於「香林坊」下車　www.korinbo-tokyu-square.com　MAP P.30

香林坊内

Korinbo Tokyu Square

複合型的年輕品牌購物中心

香林坊東急スクエア

Korinbo Tokyu Square位於香林坊的中心地帶，聚集多個年輕人喜歡的品牌，例如生活用品店Tokyu Hands、金澤市中心唯一一間的Uniqlo、夢幻鬆餅店Gram、書店Utsunomiya(うつのみや)，也有人氣和服體驗店Wargo等。

鬆餅店Gram很受當地民眾及遊客喜愛

石川縣金澤市香林坊1-1-1　076-220-1111　10:00～19:30，8樓餐廳營業至21:00，不定休　乘搭「城下町金澤周遊巴士」於「香林坊」下車　www.daiwa-dp.co.jp/kohrinbo　MAP P.30

香林坊内

香林坊大和

北陸地區首席老牌百貨店

金澤是大和百貨的發跡地，1986年由片町遷移至現址的香林坊大和，見證了金澤的歷史，不單在金澤市，甚至整個北陸地區都擁有不能取代的地位。樓高8層的購物中心，由知名國際大品牌到本地特色伴手禮均一一羅列。與大和百貨相連的ATRIO走年輕時尚路線，也彙集了眾多人氣店鋪。

香林坊內

片町Krara

香林坊周邊最新購物地標

片町きらら

片町Krara是一所複合型百貨，全館共5層，1～3樓是商店或飲食店，4～5樓是婚禮場地。當中更有不少是初次在北陸登場的品牌，例如首度在北陸地區設櫃的瑞典品牌「H&M」等，3樓則有深受文青喜愛的Loft。

✉石川縣金澤市片町2-2-2 ☎076-222-0805 🕒10:00～20:00，各店舖營業時間或不同 ➡乘搭「城下町金澤周遊巴士」於「香林坊」下車，步行3分鐘 http katamachi-kirara.com MAP P.30

香林坊周邊

竪町商店街

「北陸No.1」時尚購物街

位於香林坊附近的竪町商店街在年輕人中非常有人氣，長約430米的商店街聚集近200家流行衣飾、化妝品、雜貨店和咖啡店，全天候都是「步行者天堂」，讓人安心慢慢逛。此外，這裡有以年輕旅客為主要客群的飯店和青年旅舍，金澤文化服裝學院的校區也選址於此，每逢假日還有不少由年輕人企劃並舉辦的活動在此展開。

這裡也聚集許多適合背包客的青年旅舍

✉石川縣金澤市竪町 ☎076-232-2244(竪町商店街振興組合) 🕒各店舖營業時間不同 ➡乘搭「城下町金澤周遊巴士」於「香林坊」下車，步行5分鐘 http www.tatemachi.com MAP P.30

竪町商店街寬敞，是適合全天候的步行街

香林坊周邊

石川縣觀光物產館

購物以外，還有傳統工藝DIY體驗

石川縣觀光物產館在兼六園旁邊，樓高3層的建築物結合了傳統工藝體驗、地方名產販賣店、食店等多項設施。1樓販賣石川縣內傳統工藝品、和菓子、食品、地酒等超過70家老店舖，2樓展示及販賣金澤傳統工藝品。此外，這裡還有多款傳統工藝體驗活動供遊客參加。

1 樓的賣店

開運招財貓 ¥700

位於 3 樓的多功能廳

石川縣金澤市兼六町2-20 076-222-7788 09:50～17:50，4～11月週末、國定假日及8～10月08:50～17:50，12～2月逢週二休館 乘搭巴士於「兼六園下」下車 http kanazawa-kankou.jp MAP P.30

香林坊周邊

黑門小路

城下町風情，精選金澤傳統產品

黑門小路位於近江町市場對面，古色古香的購物空間盡現城下町風情。這裡蒐羅石川縣和北陸地區獨一無二的食品和工藝品，例如加賀友禪、金澤漆器、輪島塗漆等，也有許多知名日式甜點老舖；此外，這裡也設有展覽區，展出國寶級大師的工藝品，為傳統工藝注入新構思。

黑門小路販售許多特別的工藝品

Tsubaki Souzen 獨立茶包各 ¥350

加賀八幡不倒翁 ¥1,700(左)／¥1,400(右)

石川縣金澤市武藏町15-1 076-260-1111 商店10:00～19:30，餐廳11:00～21:00 金澤車站步行10分鐘，或乘搭巴士於「武藏之辻」下車 http www.meitetsumza.com/kuromon MAP P.31

金澤和菓子體驗

和菓子（わがし）被譽為「五感的藝術」，光是外觀精緻或是好吃是不足夠的，小小的一塊糕點需要同時兼顧視覺、味覺、嗅覺、聽覺和觸覺的享受。視覺、味覺跟嗅覺就是「色香味美」，那麼聽覺是什麼呢？原來每顆和菓子都有一個詩意十足的名字，這些名字通常引經據典，也可能是具意境的形容詞，總之當人說出名字時就呈現某個季節的氣息，或是腦海馬上湧現花開的姿態等；觸覺，顧名思義就是用手觸碰或是拿竹籤去切割和菓子時的手感，以及和菓子在口中融化的質感。

來到「日本三大菓子產地」之一的金澤，市內有不少地方提供遊客體驗製作和菓子。這些體驗活動不會要求參加者做出高難度的和菓子，而且就算日語不好，只要遵照導師的指示，也能順利製作和菓子，不妨輕鬆體驗一下！

和菓子體驗成品

石川縣觀光物產館

- 📧 金澤市兼六町 2-20，石川縣觀光物產館 3 樓多功能廳
- 🕘 1 ～ 11 月每天 1 場，週末及國定假日（1/1 ～ 3 除外）每天 6 場；12 月只在週末及國定假日舉辦 1 場
- ⌛ 約 30 ～ 40 分鐘
- $ ¥1,230，附送 ¥500 購物券於石川縣觀光物產館 1 樓賣店使用
- !? 網上預約或即場參加
- http kanazawa-kankou.jp/wagashi

導師以日文講解，配合即時電視投影

越山甘清堂

- 📧 金澤市武藏町 3-17，越山甘清堂本店 2 樓
- 🕘 逢週一、四和六，每天 2 場
- ⌛ 約 40 分鐘
- $ ¥1,000，5 人或以上的團體每人 ¥900
- !? 需於參加前 3 天預約
- http www.koshiyamakanseido.jp/wagashi-taiken

創立於明治 21 年的老字號甜點店

橫安江町商店街

迷你購物街「金澤表參道」

只有330公尺的橫安江町商店街，是金澤市中心歷史悠久的購物區，街道近年經過整修之後有了全新名字──「金澤表參道」，以舊書店、骨董店、佛檀店、雜貨店和洋服店為主，也有好幾家飲食店，雖然是短短的一條商店街，但漫步其中卻能感受當地人的生活氣息。每個月定期舉辦的市集也相當讓人期待！

傳統日本料理店「菜喰安心院」

街道上只限腳踏車和步行者

連當地人也推薦的咖啡店─curio espresso and vintage design

石川縣金澤市安江町 076-231-2536(安江町商店街振興組合事務局) 各店舖營業時間不同 乘搭「城下町金澤周遊巴士」於「武藏之辻」下車，步行3分鐘 http k-omotesando.com MAP P.31

站前別院通り商店街

感受道地的金澤下町風情

站前別院通り商店街與橫安江町商店街相隔不遠，可一併遊覽。站前別院通り商店街有接近40家不同類型的商店，當中約有一半為飲食店，其他還有骨董店、美容院和書店等。這裡並非遊客會蜂擁而至的地方，然而悠閒地走走停停、與當地居民擦肩而過，卻能感受不一樣的金澤下町風情。

悠閒的街道

骨董店「古民藝 Morita」

可以邊喝咖啡邊猜謎的謎屋珈琲店

石川縣金澤市此花町 076-261-4054 各店舖營業時間不同 金澤站直接步行約10分鐘；或乘搭「城下町金澤周遊巴士」於「武藏之辻」下車，穿過橫安江町商店街後即到 http betsuindori.com MAP P.31

金澤太平洋飯店 1 樓的時尚咖啡店

在飯店中也能享受片刻的咖啡時光

單人房 ¥5,000 起

ホテルパシフィック金沢

金澤太平洋飯店

清新文青風小旅館

如果沒有仔細留意的話，大概會以為這是一家文青氣息濃厚的咖啡店，而不是飯店吧！金澤太平洋飯店提供7款房型、共31個洋式或和式房間，清新的設計加上合理的價位大受歡迎，在年輕女性族群中很有人氣。

在1樓的時尚咖啡店辦理完入住手續後，乘搭電梯前往各樓層。房間一貫簡約風格，垂掛的綠色植物與床邊的小花為房間注入活力，整體布置清新自然，非常討人喜歡。

飯店位於近江町市場附近，知名的東出咖啡店也在旁邊，如此方便的生活機能，簡直是為文青量身設計的旅館。

金澤市十間町46 076-264-320 單人房 ¥5,000起，雙人房¥8,000起，榻榻米雙人房¥10,000起 乘搭「城下町金澤周遊巴士」於「武藏之辻 近江町市場」下車，再步行3分鐘 hotel-pacific.jp MAP P.31

氣派十足的金澤香林坊 Trusty 飯店

乾淨明亮的房問

美好的一天由早餐開始

金澤香林坊Trusty飯店

ホテルトラスティ金沢香林坊

低調奢華，香林坊住宿首選

金澤香林坊 Trusty 飯店位於金澤市繁華購物區香林坊的中心位置，鄰近兼六園、長町武家屋敷跡和金澤21世紀美術館等知名景點，就連美食者的天堂——近江町市場也步行可到。

飯店設施新穎齊全，融合和洋風格的室內設計，保留加賀百萬石的傳統優雅與氣派，處處流露著低調奢華感。

飯店的咖啡店 Lobby cafe Fashino 位於1樓，開放的挑高樓底並設有露天座位，在這裡坐下，一邊享受下午茶一邊望著在百萬石通走過的人群和車輛，彷如置身巴黎香榭麗舍大道的某間咖啡店！

✉金澤市香林坊1-2-16 ☎076-203-8111 $單人房¥13,889起，雙人房¥20,833起 ➡乘搭「城下町金澤周遊巴士」於「香林坊」下車 http ct.rion.mobi/trusty.kanazawa MAP P.30

ホテルリソルトリニティ金沢

金澤Resol Trinity飯店

集加賀傳統文化與現代感於一身的住宿

Resol於北海道、東京、中部、九州等地都有分店，然而跟其他連鎖飯店不一樣的是，Resol旗下每家飯店都別具特色。金澤Resol Trinity飯店沿百萬石通而立，融合傳統加賀文化與現代感的裝潢，舒適的房間加上貼心的服務讓住客賓至如歸。

金澤 Resol Trinity 飯店外觀

空間舒適寬敞，古色古香

房間裝潢混合加賀傳統文化與現代感

✉金澤市武藏町1-18 ☎076-221-9269 $單人房 ¥3,800起，雙人房¥9,800起 ➡乘搭「城下町金澤周遊巴士」於「武藏之辻・近江町市場」下車，再步行1分鐘 http www.trinity-kanazawa.com MAP P.31

ANAホリデイ・イン金沢スカイ

金澤天空ANA假日飯店

安坐房間就能一覽金澤美麗夜景

金澤天空ANA假日飯店位於近江町市場旁邊，不久前剛翻修完成，以日本美學為靈感來源的客房典雅舒適。接待櫃檯和房間都在16樓或以上，因此所有房間都能居高臨下觀賞到整個金澤市白天與夜晚的景色，名副其實的「天空」飯店！

金澤天空 ANA 假日飯店能夠欣賞到金澤美景

典雅的客房

飯店內部陳設舒適，令人放鬆身心

✉金澤市武藏町15-1 ☎076-233-2233 $單人房 ¥6,500起，雙人房¥11,000起 ➡乘搭「城下町金澤周遊巴士」於「武藏之辻・近江町市場」下車，再步行3分鐘 http www.anahikanazawasky.com MAP P.31

KanameHOSTEL

カナメホステル

竪町的背包旅館

位於竪町商店街的KANAME HOSTEL於2017年開幕，目標客群為要求乾淨舒適的背包客。旅館僅提供上下舖房型，全館共有4個房間，1間8人的女性專用房間、1間4人的男女混合房間，和2間男女混合的14人房間。明亮新穎的裝潢加上親切的價格，完全符合背包客的需求。

✉金澤市竪町21 ☎076-263-9888 $8人女性專用房間 ¥2600起／床位，4人男女混合房間 ¥2,200起／床位 ➡乘搭「城下町金澤周遊巴士」於「香林坊」下車，再步行6分鐘 http kaname-hostel.com MAP P.30

KanameHOSTEL 適合背包客

HATCHi金澤共享飯店

HATCHi金沢THE SHARE HOTELS

與東茶屋街一河之隔的複合式飯店

與東茶屋街一河之隔，HATCHi金澤共享飯店不僅提供住宿，還設有咖啡店和餐廳等複合型設施，絕佳的地理位置和簡約時尚的工業風裝潢擄獲不少人。HATCHi提供私人房間和共用房間兩款房型，雖說是一家「飯店」，但卻是以「好感度No.1的Share Room」而聞名，全館使用的都是高級旅館才會採用的寢具，讓人一夜好眠。

✉金澤市橋場町3-18 ☎076-256-1100 $20人女性專用房間 ¥3,895起／床位，20人男女混合房間 ¥3,800起／床位，雙人房間(共用浴室) ¥8,550起 ➡乘搭「城下町金澤周遊巴士」於「橋場町」下車，再步行2分鐘 http www.thesharehotels.com/hatchi MAP P.30

HATCHi 金澤共享飯店是一間複合型住宿空間

世遺古蹟
白川鄉、高山

せかいいさん
白川鄉，高山

世遺古蹟

白川鄉

Shirakawa-go

白川鄉在**1995**年以「白川・五箇山的合掌構造集落」的名義登錄世界文化遺產，共有**114**座合掌造建築錯落有致地散落在山村之中，樸實而優美的景象讓人一見難忘，尤其到了冬天，被厚雪覆蓋的白川鄉簡直是冬日的童話村落！

すいせん

白川鄉推薦

合掌造建築

手打蕎麥麵

合掌造裝飾小物

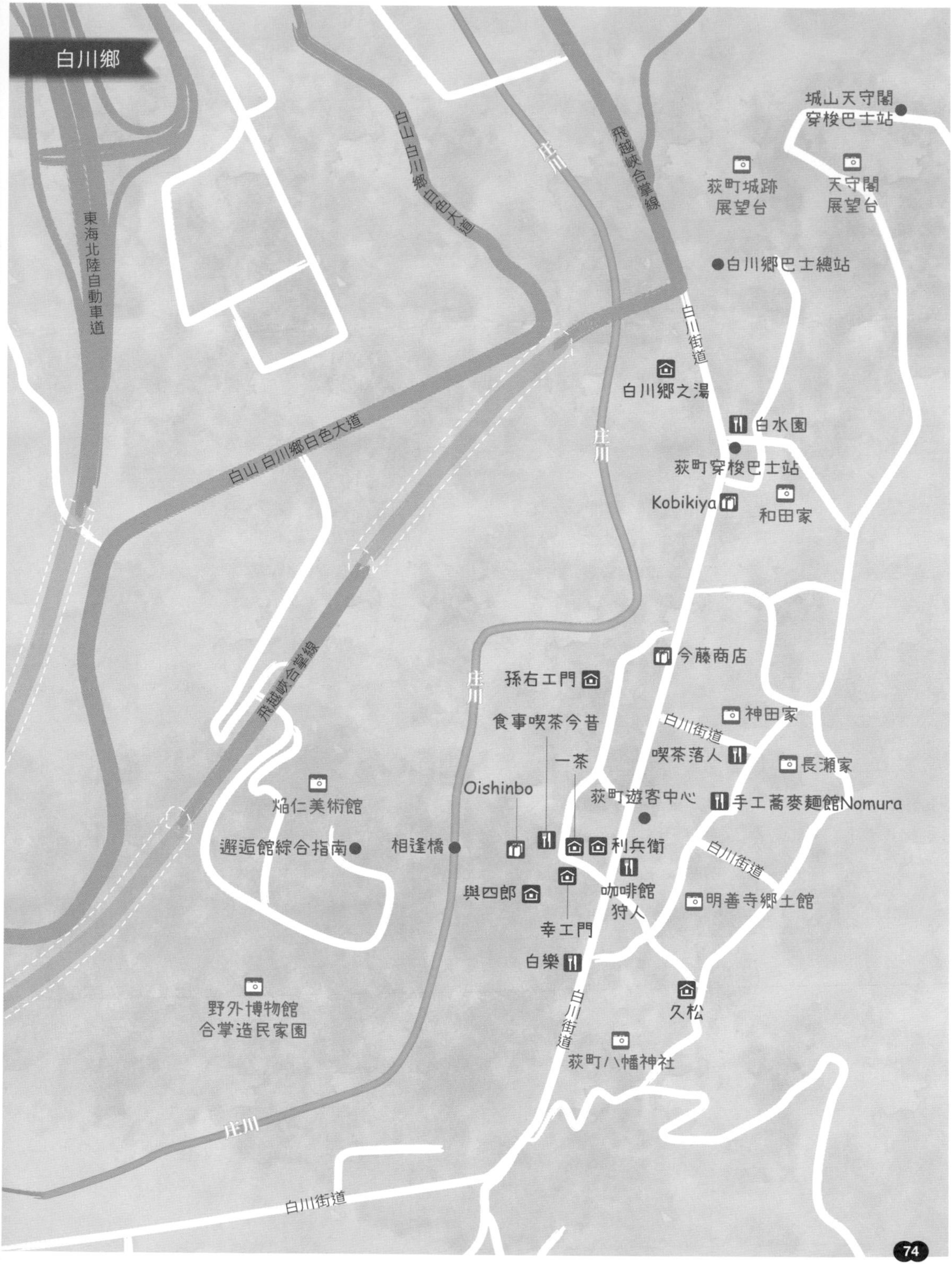
白川鄉
城山天守閣
穿梭巴士站
荻町城跡
展望台
天守閣
展望台
白川鄉巴士總站
東海北陸自動車道
白山 白川鄉白色大道
飛越峽合掌線
庄川
白川街道
白川鄉之湯
白水園
荻町穿梭巴士站
Kobikiya
和田家
今藤商店
孫右工門
神田家
食事喫茶今昔
喫茶落人
長瀨家
一茶
Oishinbo
荻町遊客中心
手工蕎麥麵館Nomura
焔仁美術館
邂逅館綜合指南
相逢橋
利兵衛
咖啡館
狩人
與四郎
明善寺鄉土館
幸工門
白樂
久松
野外博物館
合掌造民家園
荻町八幡神社

交通資訊
こうつうじょうほう

◆搭乘巴士◆

目前能夠前往白川鄉的交通工具只有巴士，抵達高山或金澤後，可以搭乘濃飛巴士直達。

巴士分為普通班次和預約班次，由於是熱門路線，請務必即早預約座位。預約制的巴士班次必須事先訂票，出發日期前一個月開始接受訂票。巴士內沒有販售車票，因此就算搭乘不需預約的班次時，也請提早購票。另外，名古屋、富山、下呂也有直達巴士，只是班次較少。

日本各地前往白川鄉交通方式

出發	鐵路／所需時間	單程 (¥)	來回 (¥)
下呂 →	濃飛巴士：約 2 小時 10 分鐘 (每日往返只有 1 班次，去程 09:30 - 11:40，回程 13:15 - 15:25)	3,090	5,450
高山 →	濃飛巴士：約 50 分鐘	2,470	4,420
金澤 →	濃飛巴士：約 1 小時 15 分鐘	1,850	3,290
富山 →	濃飛巴士：約 1 小時 20 分鐘	1,700	3,080
名古屋 →	岐阜巴士：約 2 小時 40 分鐘	3,900	7,000

(資料時有異動，請以官方公布的最新資料為主)

巴士查詢網站

岐阜巴士：www.gifubus.co.jp

濃飛巴士：www.nouhibus.co.jp

日本高速巴士及觀光巴士：japanbusonline.com/zh-tw

◆白川鄉當地交通◆

荻町城跡展望台是拍攝合掌村全景的最佳地點，天氣晴朗的日子不妨徒步上坡，但冬天積雪太多的日子，坡道可能會關閉，這個時候建議搭乘專用的穿梭巴士，1 小時 3 班，車程約 10 分鐘，單程票成人 ¥200，兒童 ¥100，下車付款。

穿梭巴士班次

方向	車站位置	班次
往展望台	和田家斜前方	09:00 ～ 15:40 (每小時 00 分，20 分，40 分開出)
往和田家	城山天守閣停車場	09:10 ～ 16:10 (每小時 10 分，30 分，50 分開出)

(資料時有異動，請以官方公布的最新資料為主)

通往荻町城跡展望台的坡道

合掌村彷彿冬日童話村落

解構合掌造建築

一直被守護著的童話村落

「合掌村」這個名字來自其建築模式本身，呈人字型的屋頂看起來就像手掌合起來一樣，於是房子被稱為「合掌造」，村莊就是「合掌村」了，由於白川鄉的地理位置相對封閉，因此這樣的建築模式才能一直被保留下來。

合掌村最早於 1935 年被一名叫做布魯諾・陶德的德

國建築學家發現，他深入調查合掌村當地的傳統民居，盛讚合掌造是「符合建築原理的構造」，並呈現了日本原始的建築風格。

共114座合掌造建築錯落有致地散落在山村之中，樸實而優美的景象讓人一見難忘，尤其到了冬天，整個村莊被厚厚的白雪覆蓋，那寧靜而安逸的景致簡直是冬日的童話村落！

設計成60度斜角三角形的屋頂

地爐不單讓房子變暖，煙燻效果更能防腐防蟲

合掌造的建築結構

特色1 以木材作為建築材料，屋頂則被厚達80釐米的茅草覆蓋，夏天可以遮擋陽光，冬天則防止熱力散失，達到冬暖夏涼的效果。

特色2 屋頂設計成60度的斜角三角形，主要是為了讓積雪能盡快自然崩落，並由屋頂滑下，以免厚雪壓垮屋頂。

特色3 房屋全部朝同一方向，目的是為了減少和強風正面相對的面積。

特色4 屋內通常有4～5層樓高，1樓是起居室、廚房、浴室，2樓作為貯藏室並盡可能確保有足夠的養蠶空間，最上面的是閣樓。整棟屋子的空隙很多，當1樓燒火取暖時，熱氣就穿透木板空隙往上傳，使得整間房子暖烘烘，形成可流通全屋的暖氣。

特色5 完全不使用釘子，只用草繩和金縷梅樹籐等素材作固定，強韌的結構足以承受積雪重量。

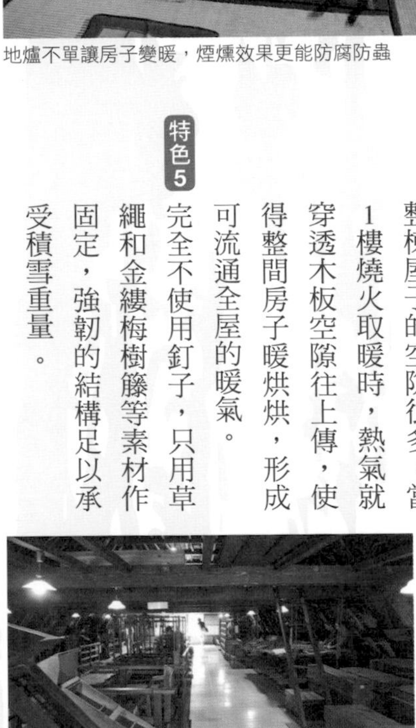
用以養蠶或置物的閣樓

採用「結」的方式更換茅草屋頂

茅草屋頂雖然堅固實用，但每隔30～40年就必須更換，更換屋頂的工程非常浩大，單靠自己與家人不可能完成，於是每當更換屋頂時就得全村總動員，人數有時可多達200人，白川鄉村民這種相互支援勞動力的習俗稱為「結」。

「結」這種勞力交換的習俗，使村民的關係更加密切，在這個制度之下，無論男女都必須提供勞力，除了換屋頂，還會互相幫忙種田、除草、收割稻米、劈柴等農務。因此每當有人需要換屋頂，就會看到村民密密麻麻地各自占據屋頂一角，或傳遞草束，或將草束縫結，每一戶的屋頂都是這樣靠著大家的努力搭蓋出來的，合掌造這種獨特的建築方式得以完好保存下來，全因為「結」。

合掌造建築保育運動

合掌造建築的數量於20世紀50年代開始減少，於是村民發起保存合掌造建築運動，「白川鄉荻町部落自然環境保護會」就在這樣的情況下於1971年12月25日成立，荻町的全體居民都加入該會，並提出「不賣、不租、不

由荻町城跡展望台俯瞰整個白川鄉

毀壞」的三大原則，嚴格制定相關的環境保護約章。

到了1975年，白川鄉正式向日本政府提出將「合掌造」作為重要傳統遺產歷史建築進行保護的申請，最終獲得接納，「合掌造」成為了日本重要的「文化財」，並由政府撥款對其進行修繕。20年後，白川鄉於1995年12月9日，正式被聯合國教科文組織登錄為世界文化遺產，每年觀光客數量高達150萬人。

鄉民的愛惜之心成了最美麗的風景

「成名」以後的白川鄉村民沒有忘記初心，堅持遵守「不賣、不租、不毀壞」的原則，將保護村莊視為己任，因此就算湧入大量的遊客和商機，他們並未因經濟發展而喪失對傳統文化和鄉村景觀保育的自覺性，相反地，在不破壞村落環境的基礎上積極發展在地旅遊，通過各種媒體資訊向外宣傳，讓更多的人知道「合掌村」，同時增強他們對本土文化的認同感和自豪感。

此外，純木造結構很容易引起火災，為防止火災，村內處處設有消防設施，村民還會安排日常巡查和消防演練，且每個月都參加由「白川鄉荻町部落自然環境保護會」召開的會議，為村落長遠發展獻策。村民無私的付出和堅守的心，才是白川鄉最美麗的風景。

けしき

白川鄉景點

一覽無遺的白川鄉冬日美景

荻町城跡展望台

隨手也能拍出絕美的白川鄉全景

就算從沒到過白川鄉的人，也一定看過這片讓人一見難忘的景象，甚至有很多人是為了親眼目睹這片猶如童話村落一樣的美景，而千里迢迢前來。荻町城跡展望台，是個俯視和拍攝合掌村落的最佳地點，來到這裡，哪怕你是攝影白痴也能拍出像明信片一樣的絕美照片。

從和田家斜前方搭乘穿梭巴士前往，登上展望台能飽覽整個荻町的民宅與遠方山脈的自然景色。春夏秋冬都有各自的美態，特別是冬天的銀白雪景，震撼得叫人屏住呼吸才敢細看，「冬日童話村落」的美譽當之無愧！

岐阜縣大野郡白川鄉荻町2269-1 0576-96-1013 全日開放 免費 於和田家斜前方搭乘穿梭巴士 0.5小時 shirakawa-go.gr.jp (觀光玩樂 > 展望台) MAP P.74

在保存並公開著建築物當中，包括 9 棟岐阜縣重要文化財產

前往合掌造民家園必先經過這條「相逢橋」

近距離體驗合掌造民家的傳統生活型態

合掌造民家園裡的日式庭園造景

野外博物館合掌造民家園

自然與傳統結合的合掌造村落

白川鄉村民堅持「不販賣、不出租、不毀壞」三大原則，當一些合掌造建築不再被使用，或是村民要移居別處留下空屋時，白川鄉合掌村落自然環境保護協會便協調房屋移建並保存，野外博物館就在這樣的契機下建立，一方面是為了保護傳統建築，同時也向來自世界各地的遊客展示合掌造民家的傳統生活型態。

合掌造民家園內共保存25棟合掌建築，其中9棟被納入縣重要文化遺產。這是一個由白川鄉村民精心打造的美麗小村落，園內除了有合掌造建築外，水車小屋、神社、寺本堂等都維持本來的面貌，還添加了小橋、流水、瀑布、石步道等日式庭園造景，漫步園中，倍感寧靜。

岐阜縣大野郡白川鄉荻町2499 0576-96-1231 3～11月08:40～17:00，12～2月09:00～16:00，最後入館時間為閉館前20分鐘；4～11月無休，12～3月逢週四休館(如週四是國定假日，則週三休息) 成人 ¥600，兒童 ¥400 從白川鄉巴士總站徒步往前約15分鐘，經過相逢橋後再步行約5分鐘即到 1～2小時 www.shirakawago-minkaen.jp MAP P.74

和田家

白川鄉內最大規模的合掌造建築

建於江戶時代中後期，和田家是荻町最大規模，也是最有代表性的合掌造民家，因周邊環境的保存狀態良好而家喻戶曉，更是日本國家重要文化財產。

根據古書記載，和田家的先祖於古時曾擔任重要職責，同時也經營火藥原材料及蠶絲的家族生意，其後人至今也在此居住和生活，1樓及2樓對外開放參觀。

和田家是合掌村最具代表性的民家

✉岐阜縣大野郡白川鄉荻町977 ☎0576-96-1058 ⏲09:00～17:00，不定休 $成人 ¥300，兒童 ¥150 ➡從白川鄉巴士總站徒步約4分鐘 ⌛0.5小時 http shirakawa-go.gr.jp (觀光玩樂 > 和田家) MAP P.74

明善寺鄉土館

合掌造特色寺院

明善寺鄉土館由吊著梵鐘的「鐘樓門」、作為僧侶廚房以及住居的「庫裡」、日常起居的「居間」，以及安置本尊佛的「本堂」幾部分組成，其中建於1748年的「本堂」為合掌村內最大的寺院，寺內大廳掛上著名畫家浜田泰介的7幅富士山畫作。

此外，明善寺鄉土館的傳統地爐每日都在燃燒著，燒出來的炊煙會薰香整座屋子達到防腐的作用，並使得屋內的木柱木粱不受蟲害，前往參觀時不妨感受一下古人的生活智慧！

每日都在燃燒的傳統地爐

明善鄉土館是合掌村內最大的寺院

✉岐阜縣大野郡白川鄉荻町679 ☎0576-96-1009 ⏲4～11月08:30～17:00，12～3月09:00～16:00，不定休 $成人 ¥300，兒童及初中學生 ¥100 ➡從白川鄉巴士總站徒步約10分鐘 ⌛0.5小時 http shirakawa-go.gr.jp (觀光玩樂 > 明善寺鄉土館) MAP P.74

白川鄉美食

炭火紅豆湯吃到飽 ¥700

任選杯子喝咖啡

岐阜縣白川村荻町792 0576-96-1603 11:00～17:00，不定休
從白川鄉巴士總站步行約8分鐘
http shirakawa-go.gr.jp/eatbuy/4315
MAP P.74

喫茶落人是一間溫馨的咖啡店

喫茶落人
白川鄉的溫馨咖啡店

「喫茶落人」可能是所有前來白川鄉的遊客都想到訪的咖啡店，到底是怎樣的魅力讓大家也把它放進口袋名單裡呢？位於長瀨家附近，喫茶落人表面看上去跟村內其他合掌造建築沒有分別，但推門進去之後就會發現別有洞天，挑高的天花、木質的裝潢，傳統合掌造建築裡面竟然是一個如此溫馨的歐風空間。

這裡最有名的是吃到飽的紅豆湯，利用炭火熬製的紅豆特別綿滑甘甜，客人圍坐在炭火爐邊一邊聊天一邊無限續杯，身心也感到溫暖。此外，使用天然泉水沖泡的咖啡也不容錯過，吧台的玻璃櫃和架子上，掛滿了老闆娘收集的各款知名瓷器品牌的杯子，客人可任意選擇喜愛的杯子，喝到這樣一杯咖啡會更賞心悅目吧！

手工蕎麥麵館 Nomura

手打ちそば処乃むら

超人氣手打蕎麥麵店

蕎麥麵只採用三種材料製作：蕎麥、麵粉和水，因此蕎麥粉的好壞、水的純淨度，還有製作過程都會影響到蕎麥麵的香味、外觀和口感。在山好水好的白川鄉有不少手工蕎麥麵店，這間手工蕎麥麵 Nomura 堅持使用石磨蕎麥，保留蕎麥本來的香味之餘，手工製的蕎麥麵更有不能取代的風味和嚼勁，不論是清爽的冷蕎麥麵還是熱騰騰的湯蕎麥麵，都非常推薦！

老闆即席料理的過程

蕎麥麵（熱）¥850

岐阜縣大野郡白川鄉荻町779　057-696-1508　11:00～16:00，週三公休　從白川鄉巴士總站步行約8分鐘，位於長瀨家附近　http shirakawa-go.gr.jp/zh/eatbuy/2121　MAP P.74

食事喫茶今昔

品嘗傳統鄉土料理

朴葉味噌飛驒牛定食 ¥1,500

食事喫茶今昔位於相逢橋附近，前往「野外博物館」的遊客，都會經過這家和風家庭式小餐館的門口。餐館提供各款採用道地食材烹調的鄉土料理，當中不能錯過的包括高山地區的代表料理朴葉味噌、鹽烤川魚、蕎麥麵等，此外，也有甜點和咖啡等可供選擇。

蕎麥麵定食 ¥1,100

門口掛著藍色布簾的和風小餐館

岐阜縣大野郡白川鄉荻町445　057-96-1569　10:00～15:30，不定休　從白川鄉巴士總站步行約8分鐘，往相逢橋方向　http shirakawa-go.gr.jp/zh/eatbuy/2235　MAP P.74

買い物
白川鄉購物

Kobikiya
こびき屋

占地廣闊的土產店

位於和田家附近的店舖，販賣各式各樣的和菓子、醃製品、酒類及季節限定等商品，占地廣，相當好逛。

遊客很喜歡來到 Kobikiya 購買限定商品

岐阜縣大野郡白川鄉荻町206 057-96-1261 09:00～17:00 (可能會隨季節變動) 從白川鄉巴士總站步行約3分鐘 http shirakawa-go.gr.jp/eatbuy/2188 MAP P.74

Oishinbo
おいしんぼ

地點方便的土產店

前往野外博物館合掌式建築民家園一定會經過的特產店，就在相逢橋旁邊。販賣各式小吃和各款紀念品。

Oishinbo 販售各式白川鄉的紀念品

岐阜縣大野郡白川鄉荻町441 057-96-1191 09:30～17:00，逢週三不定休 從白川鄉巴士總站步行約9分鐘 http shirakawa-go.gr.jp/eatbuy/2176 MAP P.74

今藤商店

限定日本酒販售中

今藤商店位於白川鄉的主要道路上，也鄰近巴士總站，在這裡可以買遍所有白川鄉的特產，也有白川鄉限定販賣的日本酒。

在金藤商店可以在吧檯現場飲用日本酒

✉岐阜縣大野郡白川鄉荻町226 ☎057-96-1041 ◷09:30～18:00，不定休 ➡從白川鄉巴士總站步行約5分鐘 http www.kondou-s.com MAP P.74

觀光案內所

白川鄉特色伴手禮

白川鄉裡面有不少由傳統合掌民居改建而成的紀念品店，各家店內的布置不大一樣，但走進任何一家都能找到很多具當地特色、甚至白川鄉地區限定的商品，非常適合作為伴手禮！

水車合掌建築筆筒 ¥540

原木杯墊 ¥270

合掌集落果子 ¥650

巧克力麻糬 ¥350

手織布草鞋 ¥1,320

合掌造型烤餅 ¥450 ／ 10 塊

合掌建築磁貼掛鉤 ¥380

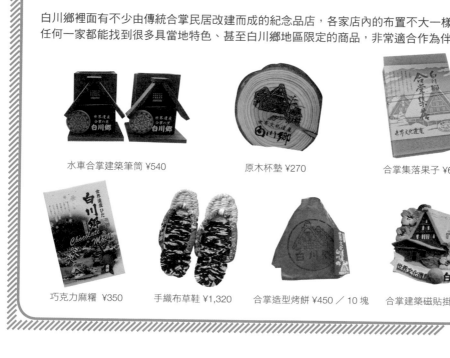

しゅくはく
白川鄉住宿

合掌造民宿的 7大注意事項

1. 合掌造建築不耐火，因此嚴禁在室內或房屋附近抽煙。
2. 絕大部分民宿的浴室和洗手間都須共用。
3. 建議攜帶自己的盥洗用具。
4. 民宿一般隔音效果不好，為免對其他人造成不必要的困擾，入夜後請保持安靜。
5. 合掌造民宿的禦寒能力不及現代化飯店，因此冬季入住時要注意保暖。
6. 要遵守民宿的用餐時間安排。
7. 住宿費用一般以現金支付。

白川鄉觀光協會：
shirakawa-go.gr.jp/zh/stay

體驗傳統日本農家生活

來去白川鄉住一晚

想在合掌造建築裡窺視一下樸素的傳統日本農家生活嗎？

隨著遊客增多，白川鄉大約在1973年前後開始出現家庭式經營的民宿，至今已經有超過20間，這些民宿針對遊客的需要，室內都經過改裝，配有各款現代化的電器，也有浴室和洗手間等設施。一泊二食的費用大概在¥8,000～10,000內，比起日式旅館還要划算。

這些民宿幾乎都只接受以日語打電話、電郵或是傳真訂房，日文溝通能力強的旅人不妨直接向心儀的住宿詢問，不會日文的則可以請白川鄉觀光協會幫忙訂，填妥網上表格後靜候佳音，或者透過白金祕書幫忙打電話也可以。然而，白川鄉的民宿實在太熱門，特別在1～2月點燈儀式的旅遊高峰期間，更是一房難求！

利兵衛

白川鄉內唯一的「妻入合掌造」建築物

擁有400年歷史的「利兵衛」，是白川鄉內唯一的「妻入合掌造」（屋頂三角頂端的橫木朝向自己的就是妻入式；反之，與自己平行的就是平入式）建築物，每日最多接待5組客人，民宿老闆娘是土生土長的白川鄉村民，親自為住客烹調道地的鄉土料理。民宿外面還有老闆娘女兒自家經營的小店。

妻入合掌造建築

在雪祭到訪，屋頂的積雪也是必看之景

民宿外頭有自家經營的小店

岐阜縣大野郡白川鄉荻町103 0576-96-1552 ¥8,640起，附早晚兩餐 從白川鄉巴士總站徒步約9分鐘 www.rihei-shirakawago.com MAP P.74

與四郎

感受家庭般溫暖的款待

「與四郎」位於相逢橋不遠處，從玄關走過一條長長的通道後就是4個大小不一的客房，和其他合掌造民宿一樣，每一間都是雅房，浴室和洗手間都是共用的。「與四郎」由一位婆婆與她的家人打理，喜歡與住客打成一片的婆婆常常會在晚餐後表演三味線，並邀請住客加入表演！

樸實的民宿與四郎

岐阜縣大野郡白川鄉荻町474 0576-96-1175 ¥8,300起，附早晚兩餐 從白川鄉巴士總站徒步約5分鐘 shirakawa-go.gr.jp/zh/stay/3100/ MAP P.74

幸エ門

結合傳統之美與現代化設備的民宿

建於1800年左右，幸エ門的外觀與其他合掌造房屋沒有大分別，但內部設施卻完全符合現代化生活，設有地板暖氣、免治馬桶等舒適方便設備。結合傳統之美與現代化設備的民宿，不僅吸引日本國內的遊客，也深受海外旅客喜愛。

✉ 岐阜縣大野郡白川鄉荻町456 ☎ 0576-96-1446 $ ¥8,860起，附早晚兩餐 ➡ 從白川鄉巴士總站徒步約8分鐘 http www.shirakawago-kataribe.com MAP P.74

現代化的合掌民宿

幸エ門深受國內外旅客喜愛

慢遊散策

在白川鄉的靄靄白雪中泡溫泉

距離荻町公共巴士站3分鐘路程，「白川鄉之湯」是合掌村內唯一的溫泉旅館，共有11個房間，包括4個洋室和7個和室，雖然不是合掌造建築，但若要在合掌村入住現代化的旅館，這裡是不錯的選擇！
就算不在這裡留宿，也可以來泡泡溫泉，「白川鄉之湯」的大眾浴場和露天溫泉開放給外來客人。

🕘 07:00 ～ 21:30 $ 成人 ¥700，兒童 ¥300，6歲以下免費 http wwww.shirakawagouonsen.jp

來一趟合掌村＋日歸溫泉之旅

一茶

白川鄉的道地鄉土料理

「一茶」由一對老夫婦經營，房子擁有約200年歷史，共有4個房間，是白川鄉其中一家最受歡迎的民宿。民宿主人使用山菜等本地食材，用心為每位住客製作別具特色的鄉土料理，簡單樸素又美味的餐食讓人難忘。

歷史悠久的一茶民宿

✉ 岐阜縣大野郡白川鄉荻町425 ☎ 0576-96-1422 $ ¥9,300起，附早晚兩餐 ➡ 從白川鄉巴士總站徒步約9分鐘 http shirakawa-go.gr.jp/zh/stay/3043 MAP P.74

世遺古蹟

高山 Takayama

高山位於岐阜縣北部，是飛驒地區的中心，
這裡完整保留了江戶時代遺留下來的城下町，
走在散發懷古幽情的三町古街上，
要吃飛驒牛手握壽司還是來一串烤團子？
是進去釀酒廠試喝清酒，
還是走進町家咖啡店享受片刻悠閒？
對了，也別忘了去和風雜貨店逛一下。

すいせん

高山推薦

三町古街

飛驒牛料理

猿寶寶伴手禮

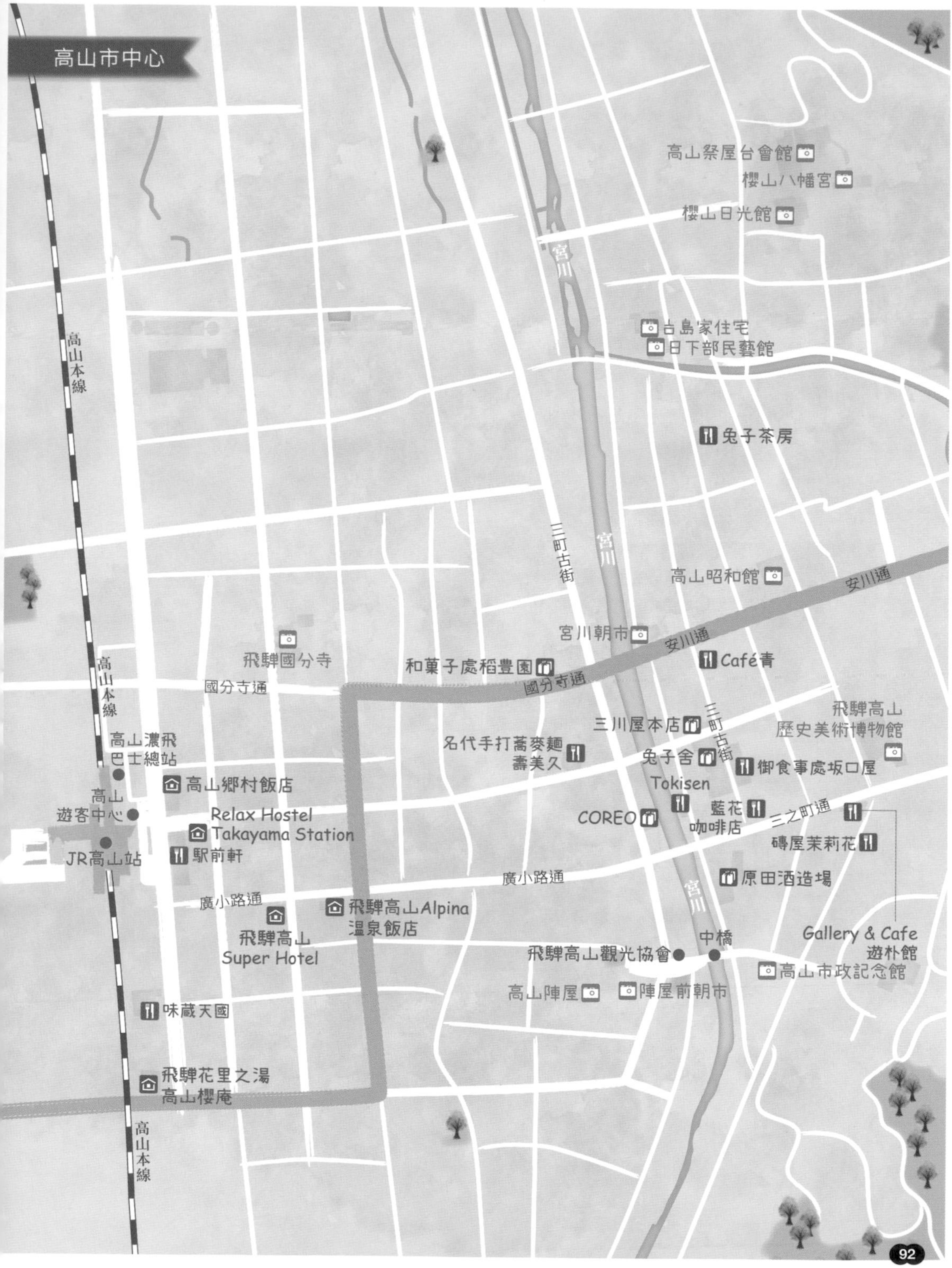
高山市中心
高山祭屋台會館
櫻山八幡宮
櫻山日光館
宮川
古島家住宅
日下部民藝館
高山本線
兔子茶房
三町古街
宮川
高山昭和館
安川通
宮川朝市
安川通
飛驒國分寺
和菓子處稻豐園
Café青
國分寺通
國分寺通
高山本線
飛驒高山
歷史美術博物館
三川屋本店
三町古街
名代手打蕎麥麵
壽美久
兔子舍
御食事處坂口屋
高山濃飛
巴士總站
高山郷村飯店
Tokisen
高山
遊客中心
Relax Hostel
Takayama Station
COREO
藍花
咖啡店
三之町通
駅前軒
JR高山站
磚屋茉莉花
廣小路通
原田酒造場
廣小路通
飛驒高山Alpina
温泉飯店
宮川
飛驒高山
Super Hotel
中橋
飛驒高山觀光協會
Gallery & Cafe
遊朴館
高山市政記念館
高山陣屋
陣屋前朝市
味蔵天國
飛驒花里之湯
高山櫻庵
高山本線

◆搭乘火車◆

高山是飛驒地區的玄關口，不論是前往白川鄉、金澤，還是奧飛驒溫泉鄉、富山等景點，都是以此為圓心成放射狀分布，包括2017年秋天竣工的JR高山站和車站旁的濃飛巴士中心，幾乎每個到訪飛驒地區的遊客都以此為中轉站。

日本各地前往高山交通方式

出發	鐵路／所需時間	指定席價格 (¥)
東京 →	北陸新幹線 → 經富山站換乘特急Wide View飛驒號：約4小時	15,310
	東海道新幹線 → 經名古屋站換乘特急Wide View飛驒號：約4小時14分鐘	13,930
大阪 →	特急Wide View飛驒號：約4小時25分鐘	7,780
	東海道新幹線(新大阪站) → 經名古屋站換乘特急Wide View飛驒號：約3小時24分鐘	9,820
名古屋 →	特急Wide View飛驒號：約2小時26分鐘	5,510
富山 →	普通列車 → 經猪谷換車：約2小時	1,660

（資料時有異動，請以官方公布的最新資料為主）

2017 年秋天竣工的 JR 高山站

◆高山市內交通◆

高山市內的景點集中，步行是最推薦的移動方式，由高山站徒步前往三町古街大約 12 分鐘，由三町古街到周邊的景點也不過 5 分鐘路程之內；不過，如果一開始就直接由高山站前往櫻山八幡宮的話就得步行 20 分鐘以上，搭乘巴士會比較輕鬆方便一些。

高山市區的巴士路線有 2 條，分別是行走近郊地區的「猿寶寶巴士」和主要在市區行駛的「街道巴士」，猿寶寶巴士單程票價 ¥210，6 ～ 12 歲 ¥110，街道巴士搭乘一次 ¥100，6 歲以下免費乘搭。

如要多次乘搭不妨購買「飛驒高山周遊巴士 1 日乘車券」，成人 ¥620、兒童 ¥310，可自由乘搭上述兩款巴士路線，票券只在高山站附近的「高山濃飛巴士中心」販賣，車內不設售票，要注意的是巴士班次非常稀少，可能要花上不少等候時間。

日本三大華麗慶典——高山祭

岐阜縣的高山祭、京都的祇園祭和埼玉縣的秩父夜祭，被譽為「日本三大華麗慶典」。擁有400年歷史的高山祭一年舉辦兩次，分別是告別寒冬、迎來明媚花開的春祭，和感謝秋收、等待楓紅的秋祭。2016年12月1日，高山祭登錄為聯合國教科文組織的無形文化遺產名錄。

山王祭迎接春天的到來

當高山這座小城度過多雪嚴寒的冬天之後，在櫻花綻放的4月天，以一場華麗的祭典正式宣告春天的到來，同時也藉此祈求接下來的一年豐收和平安。春天的高山祭又名「山王祭」，以城山的日枝神社為主要舞臺，春祭是祭祀舊高山城下町南側的神而舉行的祭典，舉辦日期為每年的4月14及15日，屆時共有12台豪華絢麗的花車登場。

感謝神明賜予的八幡祭

秋收時節，為了向神明獻上感謝，高山在每年的10月9日及10日舉辦秋天的高山祭，以櫻山八幡宮是祭典的主要舞台，又名「八幡祭」。八幡祭的花車共有11台，平日被妥善收置在高達6米的「屋台藏」裡，只在一年一度的祭典才齊聚在表參道上展示，請把握難得一見的機會，近距離觀看花車的精巧木雕、塗漆和金光閃閃的裝飾物等細節。

在春、秋兩祭舉辦的期間，神社會舉辦傳統的祭祀活動，

街道上有名為「御巡幸」的表演遊行隊伍，但最受矚目的一定是花車陳列展示，一台台由專用屋台藏牽拉出來的花車，在白天，花車上有人偶獻祭，以日本古代神話為題材的木偶表演精采絕倫；到了傍晚，花車的梁木上都懸掛了燈籠，並在高山的街上遊行，鼓樂的伴奏聲加上人們的喧鬧聲點亮了整個高山市，好不熱鬧！

慢遊散策

高山祭屋台會館

300 多年來得以完好保存的高山祭花車，平日被妥善收置在高山市內的「屋台藏」裡，只在一年一度的祭典才被擺列出來，為了讓遠道而來的遊客也能近距離一睹花車的風采，位於八幡宮旁的高山祭屋台會館，會定期輪替展出其中 4 台，館內並提供英語語音導覽設備，和影像資料深入介紹高山祭的歷史。

高山祭屋台會館

岐阜縣高山市櫻町178　0577-32-5100　3～11月09:00～17:00，12～2月09:00～16:30，全年無休　成人 ¥900，高中生 ¥550，中小學生 ¥450 (憑票可同時參觀「櫻山日光館」)　JR高山站步行約20分鐘　1小時　www.hidahachimangu.jp/yataikaikan　MAP P.92

凝聚飛驒工匠
非凡手藝的華麗花車

飛驒地區自古以來會向朝廷派送工匠，以人力資源代替納稅，每年大概有100～150人被派遣在京城的宮殿和寺廟工作，這樣代代相傳的派遣工作持續了約600年後，共計有7～8萬的工匠在京城大顯身手，這些人被統稱為「飛驒工匠」，他們把傳統而精湛的技術傳承下來，而一年兩度於高山祭登場的23台花車，就最是集飛驒工藝之大成者。

豪華絢麗的花車

分布在高山市區的「屋台藏」

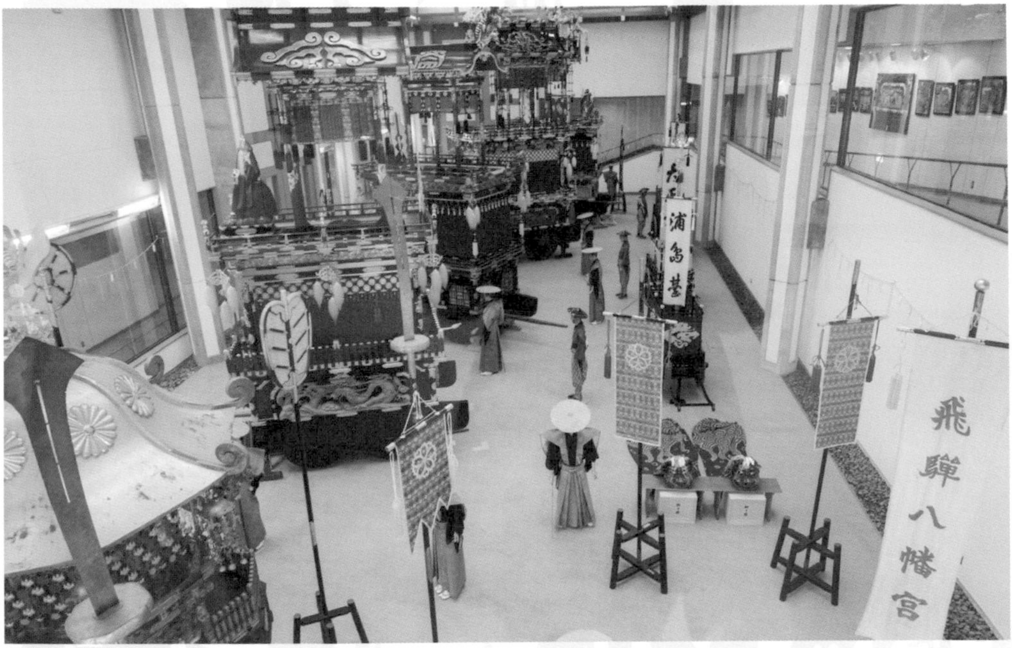

八幡祭的花車共有 11 台

けしき

高山景點

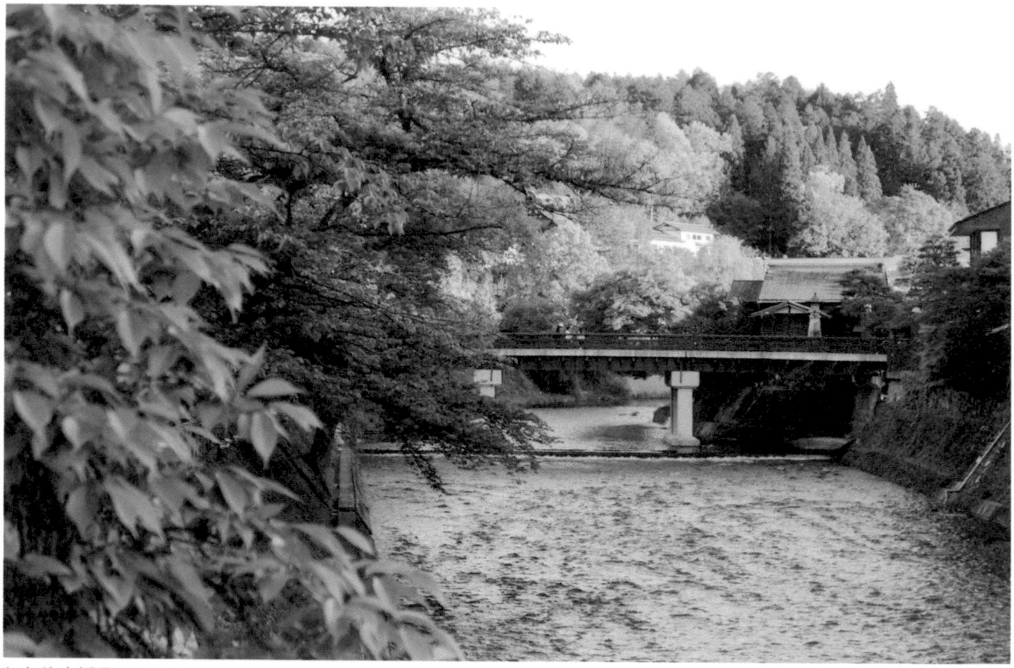

紅色的中橋是三町的地標

三町古街

古い町並

散發懷古幽情的傳統老街

宮川將高山市一分為二，在東側的三町完整保留 300 多年前江戶時代的木建住宅，穿過紅色的中橋就會抵達這片「傳統建造物群保存地區」。

當年這裡作為城下町的中心和商人雲集的地區而繁榮昌盛起來，商鋪鱗次櫛比，有些老字號甚至經營了好幾個世紀，至今遊客到來，遊走在古色古香的老街上，透過參觀傳統的釀酒

岐阜縣高山市上三之町　0577-32-3333　各店舖不同　自由參觀　JR高山站步行約12分鐘　2小時　www.hida.jp (觀光活動>周邊魅力>三町古街市漫步) MAP P.92

廠和老房子，依然能清晰地勾勒出幾百年前的風貌，頓時有種回到過去的錯覺。

據說三町一帶的黑色建築所使用的都是高級木材，屋主為了掩蓋宅邸的奢華，以及防止官府發現後予以破壞，只好塗抹柿子汁及煙灰掩人耳目，遂成一片灰黑。潺潺流水於相連木房子前的水道經過，那是用以守護木造建築的消防用水；釀酒廠在門前垂掛著用杉樹葉做成圓球狀「杉玉」，宣告新酒釀成……

漫步在三町古街，似乎每個角落都有說不完的故事等待人們去了解。

古色古香的老街

當杉玉變成棕色就意味新酒釀成了

三町古街的紫藤花是五月限定的景色

宮川河畔的熱鬧朝市

陣屋前朝市、宮川朝市

朝聖日本三大朝市之一

高山的「觀光三名物」包括高山祭、古町和朝市，其中在宮川和高山陣屋前舉辦的高山朝市、千葉縣勝浦朝市以及石川縣的輪島朝市，被譽為日本三大朝市。

高山的兩個朝市有著不同的風貌，宮川朝市位於「鍛冶橋」到「彌生橋」為止、靠近河岸的街道上，共有60多家攤位出售蔬果、山菜、醬菜、

陣屋前朝市

岐阜縣高山市八軒町1-5 0577-32-3333 (高山市觀光課) 4～10月07:00～12:00，11～3月08:00～12:00，全年無休 免費 JR高山站往高山陣屋方向徒步大概10分鐘 1小時 http www.jinya-asaichi.jp MAP P.92

宮川朝市

岐阜縣高山市下三之町 080-8262-2185 (宮川朝市協同組合) 4～10月07:00～12:00，11～3月08:00～12:00，全年無休 免費 JR高山站往古町方向徒步大概10分鐘 1小時 http www.asaichi.net MAP P.92

味增、鮮花及手工藝品等；陣屋前朝市早於300年前開始，最早是養蠶的農家，作為購買桑葉的市場而形成，現在也只有農家才能在此經營，因此會找到很多特別的自家製食材，店家也會告訴你最好的食用和保存方法，攤位數量比宮川朝市少一些，大概有50家。

陣屋前朝市和宮川朝市相距不遠，可以一併遊覽，如果當日住在高山市內的話不妨早點起床，前往兩個朝市感受一下熱鬧又地道的市集氣氛，攤位一般早上6點就開始營業直到將近正午時分才結束，但不論哪一個朝市，如果在冬天或是遇上下雨，可能就只剩下10家左右的攤位堅持擺攤販售。

農家種植的蘋果

販賣自家製醬菜和味增的攤檔

飛驒的傳統裝飾物

御白洲是當年審查犯人和行刑的地方

大門幕布上有德川家的葵紋

會議室寬敞而大

✉高山市八軒町1-5 ☎0577-32-0643 ⏲3/1～10/31(8月除外)08:45～17:00，8月08:45～18:00，11/1～2/28 08:45～16:30，12/29～1/1休館 $成人 ¥430，高中生以下免費 ➡高山站徒步大概10分鐘 ⌛1小時 http www.pref.gifu.lg.jp/foreign-languages/Chinese (岐阜縣觀光 > 高山陣屋) MAP P.92

高山陣屋

江戶時代的飛驒政治中心

江戶幕府自1692年設飛驒為直轄地以來，直到明治時代的176年間，共派遣了25代的代官在此替幕府直接管理飛驒地區的行政、財政、刑事及民事等政務，這些官員的府邸以及辦公的地方總稱為「陣屋」。過去全日本共有60多處陣屋，如今經復原後能以完整姿態保留下來的，就剩下高山陣屋而已。

遊覽高山陣屋，可以穿越300年的時空走進官吏的辦公室，參觀當時政府部門的工作環境，還可以一窺他們起居飲食的地方，包括名為「嵐山之間」的幕府行政官的住處，接待來賓的客廳和綠意盎然的日式庭園等。此外，還有讓人心寒的「御白洲」，這是審查犯人和行刑的地方，因地下鋪著白色砂石而被如此命名。

位列日本國家級歷史遺跡，更被米其林日本旅遊綠色指南評為二星級景點，前來高山陣屋感受一下當年飛驒政治中心的氣勢吧！

吉島家住宅

高山傳統民居建築的集大成者

吉島家住宅建於 1907 年，原是一名富裕酒商的住宅兼釀酒廠，至今大門的屋簷下還懸掛著一顆用杉木葉紮成球狀的「杉玉」。吉島家住宅是一座典型的高山傳統民居建築，但光是這樣還不足以讓它成為重要文化財產，日本建築歷史學家伊藤鄭爾這樣說：「這棟住宅落成完工之時，就是一個完美的開始。」

由於當時的幕府並沒有太多的限制，富商可以建造自己的屋子，因此才出現像吉島家住宅這樣匠心獨具、構造華麗的木造建築傑作。以巨大的頂梁柱為中心，多根橫梁與垂柱橫跨其中構成挑高的室內空間，光線由高窗灑向屋內，房柱與壁板的結構之美讓人震撼！

由多根橫梁與直柱構成的挑高空間

✉岐阜縣高山市大新町1-51 ☎0577-32-0038 ⏲3～11月09:00～17:00，12～2月09:00～16:30，12～2月的每個週二休館 $大人 ¥500，中小學生 ¥300 ➡高山站往高山祭屋台會館方向徒步大概17分鐘 ⌛0.5小時 http kankou.city.takayama.lg.jp(名勝 > 高山 > 歷史文化 > 吉島家住宅) MAP P.92

櫻山八幡宮

秋天的高山祭舞台

櫻山八幡宮是舉辦高山祭的舞臺

千年古刹環境幽靜

創建於 377 年左右，櫻山八幡宮是鎮守高山北部的寺廟，這座擁有過千年歷史的古寺，被一片高聳的樹林包圍，環境幽靜古雅，本殿使用檜木打造，免費開放參觀。說到櫻山八幡宮，不能不提的是，每年的10月9日及10日，秋天的高山祭就是在此舉行的。

✉高山市櫻町178 ☎0577-32-0240 ⏲3～11月09:00～17:00，12～2月09:00～16:30，全年無休 $免費 ➡搭乘計程車，或由高山站徒步20分鐘 ⌛0.5 小時 http www.hidahachimangu.jp MAP P.92

飛驒國分寺

飛驒第一古剎

飛驒國分寺由奈良時代的聖武天皇所建造，寺內的本堂是高山市內最古老的建築物，建於約500年前的室町時代，現已成為國家級古蹟及重要文化財產。寺內聳立著一棵樹齡超過1,200年、高28米的大銀杏樹，相傳當銀杏樹葉掉落後就會開始下雪。

這棵銀杏樹與旁邊的三重塔是飛驒國分寺的象徵，也為這座寺廟贏得「飛驒第一古剎」之名。

高山寺內最古老的建築飛驒國分寺

當銀杏樹葉掉落後就會開始下雪

岐阜縣高山市總和町1-83　0577-321-395　09:00～16:00，12/31、1/1休館　本堂參觀成人¥300，中小學生¥250，庭園免費　高山站徒步5分鐘　0.5小時　hidakokubunji.jp　MAP P.92

飛驒高山歷史美術博物館

細味高山城下町之美

飛驒高山まちの博物館

博物館內還有一座日式庭院

由江戶時代倉庫改建而成的美術博物館

飛驒高山歷史美術博物由兩棟江戶時代的倉庫改建而成，館內共有14個展示室，透過大量的美術品和專題展品，呈現飛驒地區的歷史與傳統文化，不論是高山祭、城下町的形成還是町家文化，都一一涉獵，而且免費參觀。遊覽完後，不妨到博物館的日式庭院走走，靜靜欣賞翠綠園景，備感平靜。

岐阜縣高山市上一之町75　0577-32-1205　展覽室09:00～17:00，研修室09:00～21:00，庭院07:00～21:00，全年無休　免費　高山站往三町古街方向徒步15分鐘　1小時　www.city.takayama.lg.jp/machihaku　MAP P.92

販賣昭和時代零食和玩具的「昭和橫丁」

不少人一見到電視遊戲機就即場大顯身手

還原度超高的商店街「昭和通」

岐阜縣高山市下一之町6　0577-33-7836　09:00～18:00，全年無休　成人 ¥800，國高中生 ¥500，4歲以上的小學生 ¥300，幼兒免費　JR高山站往三町古街方向步行約15分鐘　1～2小時　takayama-showakan.com　MAP P.92

高山昭和館

重溫昭和30年代生活情懷

長達62年的昭和時代是日本人心中「古老而美好的時代」，經歷戰爭後，經濟急速起飛，人們的生活也起了相當大的變化，以這個年代為背景的主題電影非常盛行，更吹起一股昭和風！

樓高兩層的高山昭和館，1樓是還原度超高的商店街「昭和通」，電器店、唱片店、藥妝店……街上各式各樣的商店雲集，還有定期放映懷舊電影的電影院；2樓展示館方從民間收集的大量昭和時代物品，當中還有最讓六、七年級懷念的任天堂電視遊戲機。

走進高山昭和館，彷彿鑽入時光隧道回到過去一樣，這裡既有富生活氣息的歷史資料，也有很多讓人拍照打卡的場景，絕對可以流連半天。

小小的店面只能同時容納 3 組客人

飛驒御膳 ¥2,200

Tokisen

ときせん

宮川河畔的飛驒鄉土料理店

聽說在很久以前，飛驒地區的冬季非常嚴寒，大家也不想吃冷冰冰的食物，於是就將大蔥和香菇加入當地自產的味噌攪拌後，再放置在朴葉上以炭火烤熱才吃，朴葉的香味融入味噌中，其獨特的風味不論是做成下酒菜，或是直接配飯都非常適合。飛驒地區的人一開始只是用這種方法將味噌加熱，後來才慢慢演變為加入蔬菜、豆腐跟肉類等，而在肉類當中，必然是飛驒牛朴葉味噌最受歡迎了！

Tokisen 是一家位於宮川河畔的飛驒鄉土料理店，店裡放了不少骨董，別致的環境頓覺有如回到家中的溫暖。店家推薦的飛驒御膳包括了主菜朴葉味噌飛驒牛、鹽燒川魚以及各款時令配菜，飛驒牛肉軟嫩的肉質融入朴葉味噌的香味，濃郁香醇的美味在口中化開來，果然是極品！如果想品嘗最原始的風味，請選擇沒有肉類的朴葉味噌定食。

岐阜縣高山市片原町10　0577-35-4688　午膳11:00～14:30，晚餐時段由17:30開始，不定休　JR高山站步行約10分鐘　http 39hida.com/tokisen　MAP P.92

名代手打蕎麥麵壽美久

高山蕎麥麵老店

名代手打ちそば 寿美久

岐阜縣的氣候和水源非常合適製作蕎麥麵，這個地區經營超過100年的古老蕎麥麵店比比皆是。昭和8年創業的「名代手打蕎麥麵壽美久」，是其中一家高山市最受歡迎的蕎麥麵店。嚴選飛驒產的蕎麥粒，並且用石臼碾碎成麵粉，老闆堅持為食客製作100%的手打蕎麥麵，除了蕎麥麵，也有自家製烏龍麵以供選擇，於麵食中加入各款時令山菜是他們的特色。

門口的摩托車是店舖的標記

飛驒味噌天婦羅蕎麥麵 ¥1,550

山菜烏龍麵 ¥850

岐阜縣高山市有樂町45　0577-32-0869　11:00～20:00，不定休　JR高山站步行約5分鐘　MAP P.92

駅前軒

來一碗高山拉麵

位於JR高山站對面的駅前軒是一家以飛驒料理為主的食店，他們最引以為傲的高山拉麵，湯底足足熬製5小時！高山拉麵屬於醬油派系，特色是加入雞骨或豚骨跟醬油一起熬煮的高湯，味道濃郁而不油膩，配以細捲麵，再加上蔥花、叉燒肉、筍乾等食材。

除了傳統的高山拉麵，駅前軒也提供別開生面的番茄拉麵，湯底採用高山產的番茄，並加入大量起司和香草調味，雖說是拉麵，卻有著義大利麵的風味和口感，相當美味而且毫無違和感，非常推薦！

岐阜縣高山市花里町5-20-3　0577-32-0444　10:00～22:00，無休　JR高山站徒步即到　http ekimaeken.com　MAP P.92

店面就在高山站前

高山拉麵 ¥750

飛驒牛御膳 ¥1,500

磚屋茉莉花

歷史紅磚屋裡的家庭料理店

レンガ館 茉莉花

這座樓高兩層的紅磚屋建於 1921 年，前身是日下部味噌醬油廠，之後於 2015 年 4 月 18 日登錄為日本的有形文化財產，如今遊客前來，走進復古的空間裡，可以品嘗到充滿家庭風味的各款飛驒牛料理，也不妨來一杯茉莉花自家烘培的虹吸式咖啡，感受大正浪漫的咖啡時光。

布置溫馨的室內

岐阜縣高山市上一之町93 0577-77-9083 10:00～17:00，不定休 JR高山站步行約12分鐘 rengakanjasmine.com MAP P.92

手帕 ¥500

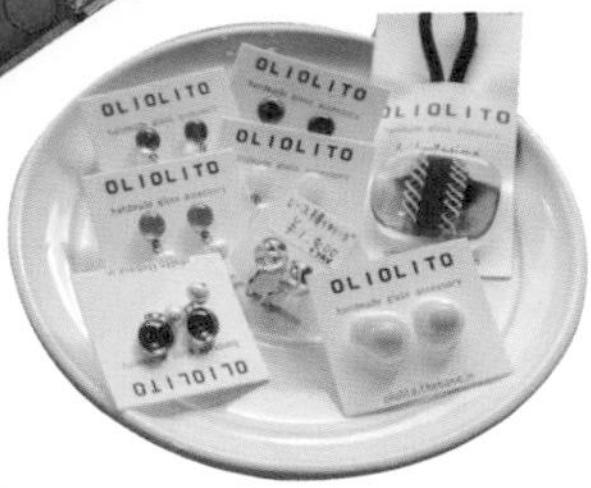

手工玻璃耳環 ¥1,800 起

採光明亮的喫茶室

✉岐阜縣高山市上一之町26 ☎0577-32-8883 🕘9:00～18:00，12～3月9:00～17:00，週三公休 ➡JR高山站步行約15分鐘 http yuhokan.hida-ch.com MAP P.92

Gallery & Cafe 遊朴館（ゆうほうかん）

女生絕對會愛上的木調咖啡廳

如果不小心由人山人海的三町古街走到「Gallery & Cafe 遊朴館」，你會如發現世外桃源般興奮不已，然後把這家悠閒又有氣質的小店放進自己的口袋名單中。

「遊朴館」由雜貨店和喫茶室組成，是那種女生絕對會愛上的氣質小店。喫茶室採光明亮，全店採用優美的飛驒家具，推門進去就能感受原木色調的溫暖和沉穩。旁邊的雜貨店販賣各種精緻的手工藝品、玻璃杯子、飛驒知名的木製品、飾物等，讓人統統想買回家。

店家供應的有機咖啡醇厚甘香，手工戚風蛋糕如注入空氣般輕盈柔軟，淋上草莓醬和新鮮奶油的滋味讓人念念不忘。來到這裡，坐下享受一頓甜美的下午茶，或是逛逛那些有溫度的商品，都是旅途上的小確幸。

草莓戚風蛋糕加飲品組合 ¥800

Café 青

療癒系町家咖啡店

抹茶聖代百匯 ¥1,000

悠閒欣賞庭園四季景色

在飛驒高山的古街裡面，隱藏著不少由町家改建而成的日式咖啡店，縱然置身於熙來攘往的街道，這些小店卻意外地低調。

Café 青，幾乎一不小心就會走過路過錯過的店舖，店裡面每個角落也散發著現代和風的獨特氛圍。走進這座有著140年的歷史建築物，坐下在窗邊品嘗精緻的手工甜品和香濃的咖啡，愜意的時光，如此療癒。

岐阜縣高山市上三之町67(老田酒造店「蔵 &」內) 0577-57-9210 10:00～17:00 JR高山站步行約15分鐘，於高山古街觀光案內所附近 cafeao.hida-ch.com MAP P.92

兔子茶房

古民家裡的悠閒下午茶時光

茶房卯さぎ

門口有可愛的兔子擺設

春季限定草莓聖代百匯 ¥700

由古民家改建的兔子茶房遠離熱鬧的三町古街，這裡提供多款精美的自家製洋風或和風甜點，例如每星期更換口味的戚風蛋糕和季節限定的百匯等。此外，自家烘培的咖啡也相當推薦，特別以虹吸式咖啡壺呈上的單品咖啡更顯奢華。午後的陽光穿透木造的格子窗，讓人不自覺地陶醉在這種悠閒又寧靜的時光中！

岐阜縣高山市下二之町40 0577-57-7476 平日10:00～16:00，週末及國定假期10:00～17:00，週三公休 JR高山站步行約13分鐘 www.sabou-usagi.com MAP P.92

三町古街邊走邊吃

三町古街上有很多由老房子改建的餐廳或咖啡店，進去裡面歇歇腳或是品嘗道地料理和甜點是不錯的主意，但如果想隨意地邊走邊吃，古街上也有不少別具特色的街頭小吃可嘗試唷！

其中飛驒牛手握壽司更是大排長龍的熱門美食，炙燒的飛驒牛淋上特選醬汁再蓋在飯上，而盛放壽司的器具竟然是煎餅，一併吃完不會造成垃圾；此外，喜歡飛驒牛的人還可以試一下柔軟多汁的飛驒牛肉包、美味的烤飛驒牛肉串或酥脆的飛驒牛肉可樂餅。

說到飛驒的知名街頭小吃還有五平餅和御手洗丸子，五平餅是一種將粳米壓成扁橢圓形後碳烤，再塗上味噌醬油的小吃，它的口感不像傳統年糕般黏黏的，加上高山味噌的濃郁調味，風味獨特！御手洗丸子是把米團子用竹籤串起、淋上醬汁再烤而成的傳統小吃，便宜的價格也受到不少人的喜愛。

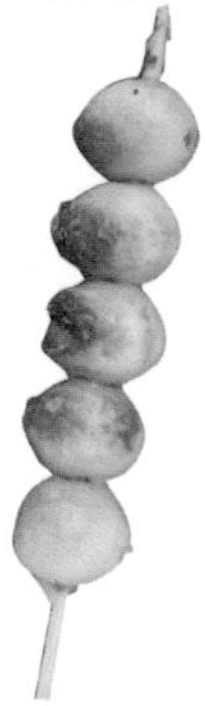

御手洗丸子 ¥70

飛驒牛肉可樂餅 ¥200

碳烤五平餅 ¥200

飛驒牛肉包子 ¥450

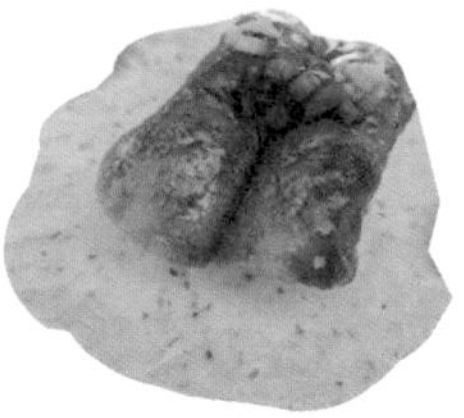

飛驒牛手握壽司 ¥800 ／ 2 塊

買い物 高山購物

創業超過 160 年的老店

原田酒造場

喝一杯飛驒高山的佳釀

高山地區的釀酒業大約始自江戶時代中期，高山的水質以及氣候環境等因素，都使得這個地區具備得天獨厚的釀酒條件。冬天是釀酒的時節，新酒製作完成後，酒廠就會在屋簷下，懸掛用杉木葉紮成球狀的「杉玉」以茲證明，當青綠的杉玉變成棕色，就意味著新酒是時候登場了。遊客來到三町古街，如果在店門口看到杉玉，

岐阜縣高山市上三之町10　0577-32-0120　4～10月08:30～18:00，11～3月08:30～17:00，全年無休　JR高山站步行12分鐘　www.sansya.co.jp　MAP P.92

就代表這裡是一所釀酒廠。

原田酒造場是其中一家在三町古街的酒造老店，創業超過 160 年，店內販賣多款自家品牌的日本酒，當中要數最受歡迎的就是創建於 1855 年、以高山祭絢爛豪華的「山車」為名的飛驒高山地酒，細緻辛辣又帶點果香的多重口感，讓這款酒獲得多項國內外獎項。此外，使用「山車」製作的清酒起司蛋糕也廣受好評，綿滑的口感加上濃厚的酒香，讓人一試難忘！

「山車」元祖起司蛋糕 ¥830 ／ 5 個裝

迷你傳統「菰樽」清酒，非常適合當伴手禮 ¥1,730

豆知識

日本酒是什麼呢？

日本酒是以米為原料製作的傳統酒精飲料，一般我們說的「日本酒」都是特指清酒（さけ）。清酒屬釀造酒，酒精濃度平均在 15% 左右，製作方法是先以米、米麴和水發酵，形成濁酒之後，再經過濾，就成為清酒。

清酒可冷喝也可加熱喝，視不同酒的特性而定，一般來說，冷喝或是加冰塊可以獲得清爽的口感，清酒加熱會散發酒香，但不是所有清酒都適合加熱；此外，由於清酒常溫保存不易，而且以常溫飲用更能了解該酒本身的美味與香氣，因此也是內行人的喝法。

清酒的種類

大吟釀：精米步合 50% 以下的日本酒，沒有添加釀造酒精，香味及色澤特別良好。

吟釀：精米步合 60% 以下，含白米、米麴、水、釀造酒精等原料，香味及色澤良好

本釀造酒：釀造酒精添加率在 10% 以下，精米步合 70% 以下，口感清爽。

純米酒：以米和米麴、水為原料。

※「精米步合」是指一顆米粒經研磨後剩餘的比例，由於米粒表層部分含有蛋白質和脂肪等，若殘留太多會產生雜味。磨掉的部分可製成米粉做煎餅或團子，因此酒藏旁邊有很多販賣煎餅或是團子的小吃店。

琳瑯滿目的兔子玩偶

兔子擺設 ¥2,000

威風凜凜的武士兔子 ¥50,000

兔子舍

うさぎ舍

可愛和風兔子精品

三町古街有不少別致的和風小店，但以兔子為主題的和風雜貨店就只有這間「兔子舍」。走進店裡，舉凡是擺設、餐具、玩偶、裝飾品、包包、名片夾、眼鏡盒、髮飾等等，全部都是兔子造型。和風雜貨本來就會讓女生愛不釋手，加上看到這麼多可愛的兔子匯集在一起，難免會馬上爆發少女心！

岐阜縣高山市上三之町37 0577-34-6611 09:30～17:30 JR高山站步行約12分鐘 www.usagiya.jp MAP P.92

和菓子處稻豐園

讓人融化的貓咪饅頭

とうほうえん

貓奴們一定不能錯過這家店！雖說已是創業 110 年的和菓子老店，但稻豐園卻以超可愛的貓咪饅頭，俘虜大眾的心，據說創作靈感來自店舖附近小巷子的貓咪們。招福貓子饅頭共有5款不同口味，單個購買價錢為¥185，順帶一提，新鮮製作的貓咪饅頭只能保存一星期。

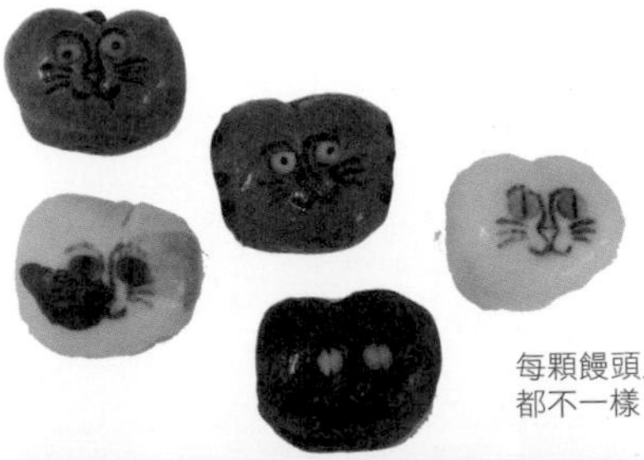

每顆饅頭上的貓臉都不一樣

稻豐園販售的和菓子深受眾人喜愛

肉球餅 ¥240

岐阜縣高山市朝日町2 0577-32-1008 08:30～19:00，週二公休 JR高山站往國分寺方向步行約8分鐘 tohoen.com P.92

COREO

飛驒木工雜貨家品店

洋溢木調溫暖的店

喜歡原木的質感嗎？想要家裡每個角落也能感受到大自然的溫暖嗎？高山一向以技術高超的飛驒木工產品聞名，在 COREO 這裡，你可以用合理的價格買到高質量的木製家具和雜貨，而且店裡的商品都是獨一無二的原創設計！

木釘書機 ¥2,160

原木小托盤 ¥1,037

岐阜縣高山市高山市本町2-8 0577-57-8852 10:00～18:00，不定休 JR高山站往三町古街方向步行約8分鐘 www.coreo.club P.92

三川屋本店雲集飛驒地區的特產

三川屋本店

飛驒伴手禮集中地

飛驒知名的地酒、獨立包裝的朴葉味噌料理包、各種手工製醬菜等等，把高山的鄉土美味一次過帶回家；春慶漆繪餐具、木工小物、古布和雜貨……以質感取勝的飛驒獨創工藝品，通通買回去當伴手禮送給朋友吧。

三川屋本店在三町古街上，高山遊客中心就在旁邊，樓高兩層的店鋪，是高山市其中一家占地面積最大的伴手禮店，1樓販賣朴葉味噌、高山拉麵、蕎麥麵、道地漬物等的鄉土食品和飛驒工藝品，2樓則以精緻優雅的和風布小物為主。

✉岐阜縣高山市上三之町43 ☎0577-32-0536 🕘09:00～17:30，12～3月週三公休 ➡JR高山站步行約10分鐘 http www.sangawa-ya.co.jp MAP P.92

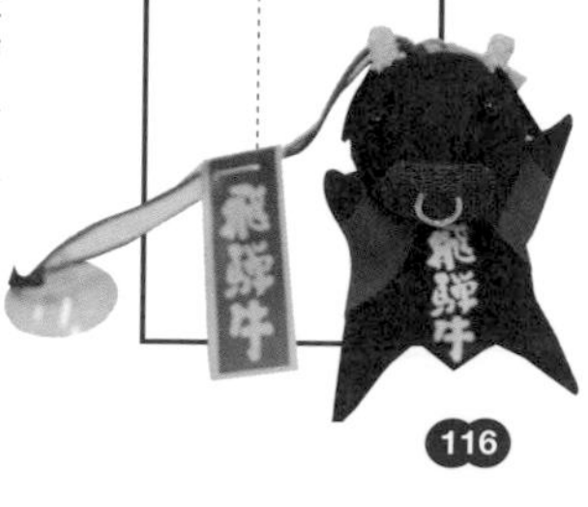

和風友禪貼紙 ¥500

雙色便當袋 ¥1,000

飛驒柿之和菓子 ¥770

櫸木杯子 ¥970

岐阜人氣栗子餅乾 ¥810

獅子頭玩偶 ¥430

豆知識

飛驒地區的吉祥物「猿寶寶」

猿寶寶(さるぼぼ)是古代飛驒國窮苦農家做給小孩子的布偶玩具，農家的媽媽沒有錢買玩具給小孩子玩，於是就用裁縫剩下的布塊做一個布偶。

猿寶寶的典型造型是全身紅色，沒有五官，手腳末端呈尖狀，看上去很難想像與猴子有什麼關係，但因為猴子的日文「猿」漢語發音與「緣」一樣，有家庭圓滿的意思，加上飛驒國的人相信紅色可以遠離災厄，猿寶寶便成為求子、安胎、消災的護身符，贈送猿寶寶給孕婦和小孩成為當地習俗。

到了今天，因為種種商業考量，猿寶寶的造型多了很多變化，不再局限於紅色，還會加上五官，甚至與其他卡通人物跨刀合作呢！

飛驒吉祥物

柴犬猿寶寶 ¥550

傳統沒有五官的猿寶寶

しゅくはく
高山住宿

飛驒高山 Alpina 溫泉飯店

簡約時尚，高山市區的天然溫泉飯店

スパホテル アルピナ飛驒高山

寬敞的房間

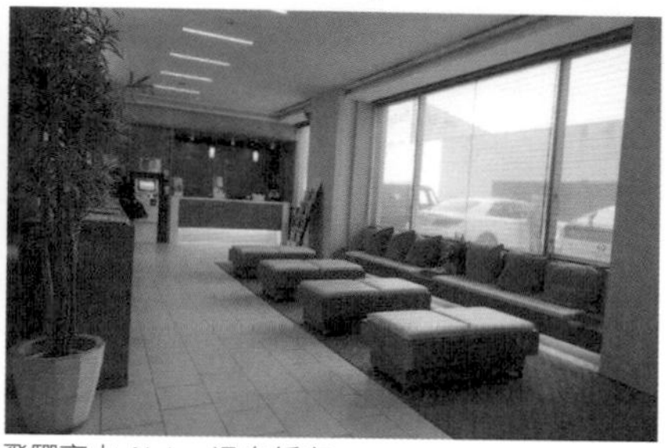

飛驒高山 Alpina 溫泉飯店

距離高山站3分鐘路程，飛驒高山 Alpina 溫泉飯店向來評價甚高。簡約時尚、色調明亮的現代化飯店，房間比起一般商務飯店寬敞舒適。不要錯過位於頂樓、透明感十足的展望露天風呂，以及天然溫泉大浴場，一邊泡湯一邊俯瞰整個高山市的美景，難怪如此熱門！

✉岐阜縣高山市名田町5-41 ☎0577-33-0033 $單人房¥8,500起，雙人雙床房 ¥15,400起 ➡JR高山站往高山郵局方向徒步3分鐘 http www.spa-hotel-alpina.com MAP P.92

飛驒花里之湯高山櫻庵

結合傳統與現代化的高機能溫泉飯店

飛驒花里の湯高山桜庵

步出JR高山站就能看到，高山櫻庵大概是整個高山市最高的建築物。全館共167個房間，最特別的地方是房間和公共區域都是塌塌米地板，每個角落都充滿濃濃和風。飯店頂樓設有天然溫泉的展望露天風呂，另外也有3個舒適的家庭風呂、大浴場，以及三溫暖等泡湯設施。

充滿和風氣息的溫泉飯店

✉岐阜縣高山市花里町4-313 ☎0577-37-2230 $單人住宿 ¥8,000起，雙人住宿 ¥13,889起 ➡JR高山站徒步3分鐘 http www.hotespa.net/hotels/takayama MAP P.92

飛騨高山にあるゲストハウス

Relax Hostel Takayama Station

隱私度超高的青年旅舍

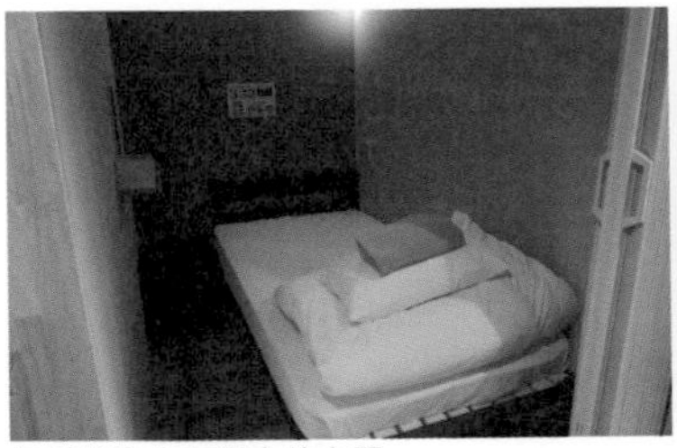

每個住客也有獨立的空間

旅舍距離高山站 1 分鐘路程

與一般上下舖青年旅舍不同，Relax Hostel 的床位都是以單人床為單位的，拉上門簾後就擁有一個屬於自己的小天地，而且採用席夢思床墊，讓人一夜好眠。旅舍在 2017 年 10 月開幕，由 JR 高山車站徒步 1 分鐘就能抵達，旅客可以在悠閒時尚的公共空間與其他人交換旅遊情報，或是到設備齊全的共用廚房大展身手。

✉岐阜縣高山市花里町5-14 ☎0577-57-5688 $14人女性專用房間 ¥3,100起／單人床位，14人男女混合房間 ¥2,600起／單人床位，雙人房 ¥6,600起，4人上下舖房間 ¥8,500起 ➡JR高山站步行1分鐘 http www.relax-hostel.jp MAP P.92

カントリーホテル高山

高山鄉村飯店

便宜乾淨的站前商務飯店

乾淨舒適的房間

地理位置極佳的商務飯店

高山鄉村飯店

高山鄉村飯店在 JR 高山站正對面，旁邊就是濃飛巴士站，地理位置一流！典型日本商務飯店的格局，整體乾淨舒適，133 間客房裡面，單人房占了 95 間，房間配有平面電視、冰箱、加濕機、免費 Wi-Fi 等設備。樓下還有便利商店，生活機能不錯，絕對是便宜便捷的住宿選擇。

✉岐阜縣高山市花里町6-38 ☎0577-35-3900 $單人房 ¥5,900起，雙人房 ¥7,800起 ➡JR高山站步行1分鐘 http www.countryhoteltakayama.com MAP P.92

精選名湯
下呂溫泉、奧飛驒溫泉鄉、加賀溫泉鄉

名湯巡り

下呂温泉，奧飛騨温泉郷，加賀温泉郷

關於日本的溫泉

從「湯治」到「湯療」

自古至今，溫泉在日本都被視為上天的恩賜。

如此珍貴的天然資源一開始只有貴族和僧侶才能享用，到了安土桃山時代，溫泉被廣泛應用於治療負傷的士兵，尤其是在甲州和信州地區，武田信玄及真田幸村等戰國武將，都擁有自己的野祕湯治。在醫學還不算十分發達的江戶時代，溫泉的醫療效果備受重視，從而獲得很大程度的開發，就連一般民眾也開始享受溫泉，逐漸開展出日本獨有的溫泉旅遊文化。

由最初消除疲勞到治療疾病，再漸演變成地區觀光，及後更發展出「溫泉＋美食」等旅遊方案，日本人視溫泉旅行如同朝聖，泡湯在他們心中擁有不能取代的地位，縱然現今醫學發達，人們還是不惜千里迢迢前往偏遠的溫泉鄉，為的就是在熱湯裡獲得片刻身心靈的療癒，因為泡湯既是一種心靈寄託，也包含某種人類對大自然的想像。

1

單純溫泉（単純溫泉）

水溫達25度以上、無色無味、顏色呈透明的單純溫泉，是日本分布最廣泛的泉質，其最大的特徵是性質溫和，對肌膚刺激較少，特別適合小孩和老人使用。另外，pH8.5 以上的鹼性單純溫泉，具有如肥皂般的洗淨能力，加上泉水滑潤，故又被稱為美肌之湯。

泉源分布：岐阜縣下呂溫泉、神奈川縣箱根溫泉鄉等。

2

碳酸氫鹽泉（炭酸水素塩泉）

具有鎮靜和緩和炎症的效用，對過敏、蕁麻疹等慢性皮膚病有一定療效。泉質相對溫和，沒有刺激性，而且鹼性溫泉可使皮膚柔軟、輕易除去皮膚表面的古老角質。

泉源分布：和歌山縣川湯溫泉、長野縣小谷溫泉、大分縣別府溫泉等。

3

二氧化碳泉（二酸化炭素泉）

或簡稱為「碳酸泉」，最大的特徵是泡湯時會產生有如香檳般的細小泡沫，故又稱為「泡之湯」，加上泉水中含有二氧化碳，泉溫較一般溫泉水低，泡起來不會有急速脈搏加快的心悸現象，減輕心臟負擔。

泉源分布：泉溫相對較高的是大分縣長湯溫泉；泉溫相對較低的是山形縣肘折溫泉鄉。

日本9大溫泉泉質

溫泉旅遊可以說是日本的國民休閒活動，溫泉的開採和管理都必須遵守由政府訂立的「溫泉法」，這部法律的目的除了保護天然溫泉資源外，還明確根據溫泉水中含有的科學成分而區分不同泉質。從深受女性好評的美人湯，到能治療慢性皮膚病的酸性泉，溫泉的泉質和療效各有不同，在泡溫泉之前，不妨來了解以下 9 種日本常見的溫泉泉質。

5

硫酸鹽泉（硫酸塩泉）

硫酸鹽泉細分為 3 種：含鈉的芒硝泉（硫酸鈉泉），含鈣的石膏泉（硫酸鈣泉），含鎂的正苦味泉（硫酸鎂泉），均對外傷有一定療效並促進血液循環，故有「療傷之湯」的稱號。

泉源分布：群馬縣法師溫泉、石川縣山代溫泉及山中溫泉等。

4

鹽化物泉（塩化物泉）

或簡稱為「鹽泉」。鹽分含量相當高，有殺菌及療傷效果。鹽分會在皮膚上形成薄膜，防止汗水蒸發，保溫效果良好，是虛寒人士的福音！也可以作飲療，據説對胃炎和便祕有不錯的療效，可是由於主要成分為鹽，飲用時會相當鹹。

泉源分布：靜岡縣熱海溫泉、石川縣片山津溫泉等。

6

含鐵泉（含鉄泉）

在1公斤的泉水中鐵離子的總含量達10毫克以上，泉水接觸到空氣後會產生酸化現象，變為紅或茶褐色，保溫效果高，據說可以幫助改善月經不順，被稱為「婦人之湯」，也可以直接拿來當飲用水，有改善貧血的作用。

泉源分布：兵庫縣有馬溫泉等。

7

硫磺泉（硫黄泉）

呈乳白色的硫磺泉具有濃烈臭雞蛋的氣味，對促進血管擴張，治療高血壓或動脈硬化有一定效果，亦能止癢、解毒、改善慢性皮膚病。需要注意的是，金屬接觸到硫磺泉的水蒸氣會產生腐蝕作用而變黑，因此避免配戴含銀的飾物入浴。

泉源分布：栃木縣日光湯元溫泉、鹿兒島縣霧島溫泉等。

8

酸性泉

被稱作「皮膚病之湯」的酸性泉帶有酸味、殺菌力強，對於治療慢性皮膚病，例如疥癬、脂漏性皮膚炎和異位性皮膚炎等相當有效，但刺激性較強，不適合高齡者或是敏感膚質者，一般人也不能浸泡太久，而且泡完湯之後別忘了用清水沖洗。

泉源分布：秋田縣玉川溫泉、岩手縣須川溫泉等。

豆知識

什麼是「一般適合症狀」？

所謂的一般適合症狀，就是不分泉質、不論泡任何溫泉都有的效用，例如能消除疲勞、五十肩和關節痛等肌肉疼痛，改善慢性消化器官疾病、由壓力引起的睡眠障礙、神經痛等，對於跌打損傷、痔瘡等症狀也有一定療效，據説也有助病後恢復健康。

9 放射能泉

這是一種療效高而且為數稀少的珍貴溫泉。微量的放射能刺激細胞，提升免疫力，改善血液循環、腎臟功能等功用。泡溫泉時所吸收的放射性物質，在數小時後就會透過呼吸或排泄自動排出體外，因此不必擔心對健康造成任何不良影響。

泉源分布：鳥取縣三朝溫泉、山梨縣增富溫泉等。

溫泉泉質一覽表

泉質／效用	一般適合症狀	美肌	婦科問題	溫和刺激性低	慢性皮膚病	動脈硬化、高血壓
單純溫泉	V	V	V	V	V	V
碳酸氫鹽泉	V	V		V	V	
二氧化碳泉（碳酸泉）	V	V		V		V
鹽化物泉（鹽泉）	V		V		V	
硫酸鹽泉	V	V	V		V	V
含鐵泉	V		V		V	
硫磺泉	V	V	V		V	V
酸性泉	V				V	
放射能泉	V				V	V

泡溫泉的注意事項

●●●●關於浴衣

一般來說，溫泉旅館都會為房住客提供浴衣。據說「浴衣」這種服飾，源自古代貴族泡湯所穿的「湯帷子」，江戶時代之後才在民間普及，人們把這種由湯屋洗完澡後穿著回家的衣服稱為浴衣，到了江戶中期，浴衣更成為為夏天煙火大會的指定服飾。

泡溫泉穿的浴衣跟參加煙火大會穿的浴衣有什麼不同呢？一般溫泉旅館提供的浴衣花紋簡單樸實，繫在腰間的帶子也比較細，參加煙火大會或祭典穿的浴衣則花色鮮豔，背後還紮一個大蝴蝶結，而溫泉浴衣主要在溫泉旅館裡面穿著，蝴蝶結都是打在正面或側面，如果把結打在背後，睡覺時大概會很不舒服吧。

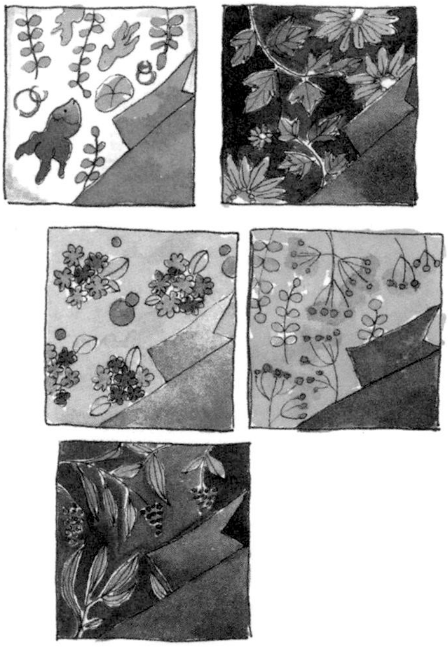

◆挑選具季節感的浴衣◆

有些溫泉旅館會特別為女性住客提供美麗的浴衣，該如何挑選呢？從浴衣的穿搭上體現出季節感才是內行人的穿法，例如春天就選櫻花之類的粉嫩顏色；夏天就要呈現清涼感，水藍色或是牽牛花圖案就最合適；秋天選紅葉或菊花；冬天就穿梅花圖案或是披上沉穩色調吧！

浴衣穿法

至於浴衣的穿法，必須謹記「右下左上」的法則，即是披上浴衣之後先把右邊的衣襟往左拉下在腰間，再蓋上左邊的衣襟，若顛倒則為往生者壽衣穿法！然後將腰帶對準腰部中央，至背後交叉，再將腰帶環繞至前側、打結就完成了。

如果在冬天入住溫泉旅館，館方還會準備一件禦寒用的短外套，稱為羽織，薄薄一件披上就能有意想不到的保暖效果！

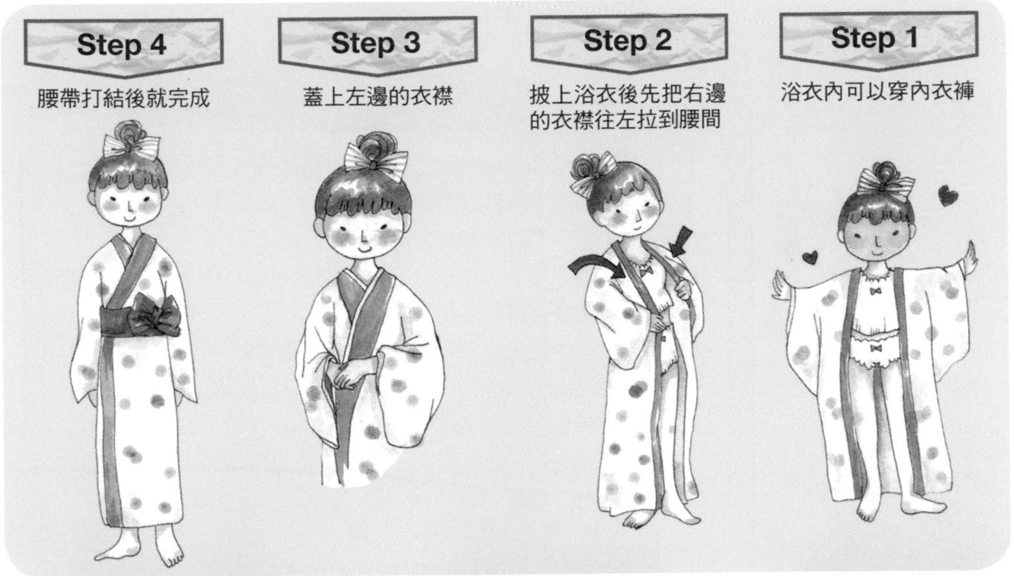

泡湯前，須注意

1. 不要在喝酒之後泡溫泉，血壓會急劇提高，非常危險。
2. 剛吃飽不要泡溫泉，至少休息 30 ～ 60 分鐘後再入浴。
3. 身體欠佳時也避免泡溫泉。
4. 泡湯前先卸妝，一來讓毛孔在泡湯過程中打開，二來也不會讓妝溶進溫泉裡，影響溫泉水質。
5. 老年人和患有高血壓、動脈硬化、心臟病、呼吸系統疾病的人避免泡 42℃以上的高溫溫泉。
6. 身上有刺青的人避免進入大眾池，因為日本人對於刺青的聯想等同黑道。

泡湯時，須注意

1. 進入浴場前需要在更衣室脫去所有衣服。
2. 找一個洗澡位置，坐下並清洗身體，過肩的長髮請束起。
3. 先以腳或手試探水溫，再讓小腿浸泡，漸至下半身，最後才全身浸泡。
4. 首次浸泡 3 ～ 5 分鐘即離水休息一會，再入池泡 5 ～ 10 分鐘，單次泡勿超過 15 分鐘。
5. 水的高度最好不要高於心臟，若有不適馬上離水。
6. 浸浴後記得補充適量水分。

毛巾不要掉進湯池喔！
溫泉的高度最好不要超過心臟喔！

溫泉旅館會席料理

◆享受一泊二食溫泉之旅◆

預訂溫泉旅館時一定會發現「一泊二食」這個選項，那麼「一泊二食」到底是什麼意思呢？一泊，是停泊一晚；二食，是提供兩頓飯（當日的晚餐和翌日的早餐）；另外，也有其他的住宿選項，例如只提供早餐的「一泊朝食」或僅附晚餐的「一泊夕食」，甚至完全沒有提供飲食的「素泊」。

下榻傳統的溫泉旅館，除了泡湯，品嘗旅館精心製作的料理也是行程重點。「一泊二食」的好處就是讓住客省去四處覓食的煩惱，由check-in至check-out都陶醉在悠閒的氛圍裡。畢竟，讓身心靈徹底放鬆才是入住溫泉旅館的目的啊！

◆會席料理是什麼？◆

一般入住溫泉旅館吃到的晚飯是「會席料理」（かいせき），發音是Kaiseki，由於跟「懷石料理」的讀法相同而常常被混淆，其實懷石料理是給苦行僧人吃的簡樸料理，講究禪味，吃的是意境；而會席料理是一種以懷石料理作為基礎改良、發展而成的宴會美食，江戶時代以後開始於茶屋中盛行起來。

和式料理最基本的「一汁三菜」，即一個湯品加三道菜，例如味噌湯、生魚片、煮物和烤物，不過，在溫泉旅館吃到的會席料理都走奢華路線，前菜至甜品動輒「三汁七菜」，包括前菜、湯品、生魚片、烤物、煮物、炸物、蒸物、漬物、白飯、留椀、醬菜、水果等。除了採用時令食材讓食客品嘗到食物本來的鮮味外，在食物和餐具擺設上也呈現季節感，這就是日本人所謂「旬」的概念。

◆日本料理的4個「五」◆

日本料理另一個講究的原則是「五色、五味、五法、五感」。「五色」是指黑、白、黃、紅、綠的食材，「五味」是指酸、甜、苦、鹹、辣五種口感，「五法」是指生、

煮、烤、炸、蒸五種烹調方法，最後做出讓人能從視覺、嗅覺、味覺、觸覺以及聽覺這「五感」都能體會到的賞心悅目。

至於溫泉旅館的用餐地點，可能是在旅館的大廳（大廣間）與其他住客一起用膳，或是在「個人料亭」的私人包廂裡享用美食，部分溫泉旅館還會提供「部屋食」，即在自己房間內用餐，這種款客模式也被視為是較高級的用餐方式。

道地體驗

入境隨俗！這樣享受美食

1. 素食者或是食物敏感人士需提早通知旅館，旅館會另外為你準備適合的食物。
2. 在榻榻米房間用餐時，不需要一直勉強自己跪坐，維持一個讓雙腿舒服而又不失優雅的坐姿即可。
3. 山葵不應該拌在醬油裡，正確的食法是取少量放在魚生片上，然後橫過來用另一面蘸醬油。
4. 如果有串燒，應先把竹籤小心拔走，再以筷子夾起食物，不要直接手持串燒進食。
5. 紫蘇葉或是其他配菜和生魚片一起吃，會讓你吃到另一種境界的美味。
6. 如果太飽吃不下，可用懷紙或紙巾將食物遮蓋。
7. 千萬不能用筷子為別人夾菜，此舉與日本葬禮儀式中收集火化後的骨頭動作相近，非常不吉利。

精選名湯

下呂溫泉鄉 Gero Onsen

岐阜縣的下呂溫泉、兵庫縣的有馬溫泉，與群馬縣的草津溫泉並列為日本三大名泉。下呂的泉質為 pH9.18 弱鹼性溫泉，猶如天然肥皂般，具有去除皮膚老化角質層的功能，泡完皮膚變得滑嫩有光澤，故有有「美人湯」之美譽，深受女性歡迎！

すいせん

下呂推薦

下呂溫泉合掌村

鄉土料理「ちゃん」

下呂溫泉化妝水噴霧

下呂溫泉鄉

湯之島館
下呂溫泉 望川館
高山本線
醫王靈山溫泉寺
富岳
悠久之華
下呂發溫泉博物館
溫泉博物館之足湯
加恵瑠神社
鷺之足湯
維納斯足湯
白鷺橫丁
猿寶寶黃金足湯
足湯之鄉Yuamiya
足湯之鄉Yuamiya
雅之足湯
小川屋
下呂溫泉神社
便利商店
林羅山像
甚呂
飛驒川
幸月本家
噴泉池
下呂大橋
Yamakawa
下呂溫泉街
睦館
下呂遊客中心
森之足湯
水明館
下呂站前濃飛巴士站
下呂市政府
紗紗羅
田之神之足湯
益田街道
雨情公園
阿多野川
下呂溫泉街
懷石宿 水鳳園
下呂溫泉合掌村
濃飛巴士站
下留磨之足湯
合掌足湯
下呂溫泉合掌村
萬古庵

交通資訊
こうつうじょうほう

◆搭乘火車◆

由名古屋或大阪等地出發往下呂溫泉，可乘搭直達的特急列車，相對其他中部的溫泉鄉，下呂溫泉算是交通便捷的地區，只需一趟火車就能輕鬆抵達，完全不用花時間等候巴士，加上區內的溫泉旅館近、徒步可至，稍遠的也有溫泉旅館的專車接送，非常方便。

日本各地前往下呂交通方式

出發	鐵路／所需時間	指定席價格 (¥)
東京 →	東海道新幹線 → 經名古屋站換乘特急 Wide View 飛驒號：約 3 小時 32 分鐘	12,890
大阪 →	特急 Wide View 飛驒號：約 3 小時 32 分鐘	6,810
	東海道新幹線 (新大阪站) → 經名古屋站換乘特急 Wide View 飛驒號：約 2 小時 52 分鐘	8,790
名古屋 →	特急 Wide View 飛驒號：約 1 小時 40 分鐘	4,100
高山 →	普通列車：約 1 小時 5 分鐘	970

(資料時有異動，請以官方公布的最新資料為主)

◆下呂溫泉鄉當地交通◆

下呂溫泉的主要景點徒步可至，但如果要前往在山腰的下呂溫泉合掌村，搭乘巴士或計程車前往會比較輕鬆，車程約 6 分鐘。由下呂車站出發的巴士班次相當稀少，每小時只有 1 班，首班車為 09:10，最後發車時間為 16:40，成人單程車票 ¥100、兒童 ¥50。

下呂車站濃飛巴士總站～合掌村巴士時間表

出發			回程		
起始站 下呂站前→	合掌村→	終點站 下呂交流會館	起始站 下呂交流會館→	合掌村→	終點站 下呂站前
09:10	09:16	09:19	09:19	09:20	09:25
09:40	09:46	09:49	09:49	09:50	09:55
10:40	10:46	10:49	10:49	10:50	10:55
11:40	11:46	11:49	11:49	11:50	11:55
12:40	12:46	12:49	12:49	12:50	12:55
13:40	13:46	13:49	13:49	13:50	13:55
14:40	14:46	14:49	14:49	14:50	14:55
15:40	15:46	15:49	15:49	15:50	15:55
16:40	16:46	16:49	16:49	16:50	16:55

(資料時有異動，請以官方公布的最新資料為主)

下呂溫泉足湯巡禮

散步在下呂溫泉，會發現這裡的免費足湯特別多，走到累了不妨坐下泡泡足湯驅趕疲勞。不只泡溫泉對身體有療效，其實泡足湯也能讓身體溫熱起來，改善下半身的血液循環，特別適合手腳冰冷的女生，而且相對泡溫泉方便多了，只要脫下鞋襪就行。來看看下呂有哪些足湯吧！地圖請參照P.134

鷺之足湯
鷺の足湯

白鷺與下呂有著不能分割的關係。這個鄰近中央停車場的「鷺之足湯」，是下呂溫泉最早建造的足湯，目的是紀念傳說中700多年前，降臨在溫泉湧出處並告知村民的白鷺。

維納斯足湯
ビーナスの足湯

這座白色歐洲風格的建築是下呂其中一處公共浴場「白鷺之湯」，玄關處設置了一座維納斯雕像，走進一看才發現是一個圓形足湯，可一邊欣賞女神雕像一邊泡腳。

猿寶寶黃金足湯

さるぼぼ黄金の足湯

猿寶寶本是古代飛驒國窮苦農家媽媽做給小孩子的布偶玩具，後來演變為求子、安胎、消災的護身符，並在飛驒地區廣泛流傳。飛驒地區的下呂溫泉也開設一處「猿寶寶黃金足湯」，足湯位於溫泉街的七福神社裡面，以祈求財運和福氣的7尊神像為裝飾，湯池以金箔磁磚裝飾，貴氣十足！旁邊也有伴手禮店可以順路一逛。

足湯之鄉 Yuamiya

足湯の里ゆあみ屋

位於溫泉街中心白鷺橋畔、鄰近溫泉神社。這是足湯之鄉 Yuamiya 附設的足湯，店裡供應多款甜品，如人氣甚高的溫泉蛋冰淇淋和牛奶布丁，可以邊泡足湯邊品嘗美食。

雅之足湯

雅の足湯

雅之足湯設在下呂雅亭皇家飯店的玄關旁邊，免費開放給所有人使用。足湯特點是在浴槽中放置檜木球，有助消除腳底疲勞。旁邊的商店也有販售霜淇淋和溫泉饅頭等小吃。

森之足湯
モリの足湯

森之足湯就在下呂的老牌溫泉旅館水明館側，由下呂車站步行過來只需2分鐘，對於等候列車的乘客來說相當便捷。2007年4月建成的森之足湯，是下呂其中一處頗新的足湯，也是幸田區唯一的足湯，其他的足湯都分布在下呂大橋另一端的湯之島或森。坐下在岩石風格的足湯池邊聊天，特別寫意。足湯開放時間為08:00～17:00。

下留磨之足湯
下留磨の足湯

下留磨之足湯遠離熱鬧的溫泉街，它設在溫泉旅館懷石宿水鳳園的入口處，同時鄰近下呂合掌村。足湯在水鳳園休館日會暫停開放。

田之神之足湯
田の神の足湯

2009年4月建成的田之神之足湯是下呂最新的足湯，位於市政府旁的小公園裡面，除了足湯，這裡也有一個獨特的手湯，深受當地居民歡迎。

合掌足湯
合掌の足湯

下呂溫泉合掌村是一個由全部共10棟的「合掌造」建築組成的一個主題部落，這些建築物都是從白川鄉移建過來的。合掌村內有一個由涼亭改建而成的足湯，整個足湯外圍是檜木製的柵欄，清涼感十足，裡面有可容納約16人並排使用的長板凳。足湯免費使用，但需先購買合掌村門票(¥800)，開放時間跟合掌村一樣，每天08:30~17:00(最後入園時間為16:30)。

溫泉博物館之足湯
溫泉博物館の足湯

有別於傳統坐著泡的足湯，這個位於溫泉博物館裡面的足湯是步行式的，泉水分兩邊，一邊熱一邊冷，足湯底部布滿平滑的圓石，可刺激足底的穴位。週四定休，需先購買博物館門票。

觀光案內所

盡情享受足湯的 5 大須知

1. 選擇容易穿脫的靴子或是平底鞋。
2. 為了避免狼狽，帶備擦腳的毛巾或手帕。
3. 穿寬鬆的褲子比穿裙子安心，也避免穿窄腿牛仔褲。
4. 泡湯時間適可而止，泡太久會加速血液循環，增加心臟負荷。
5. 水溫偏高的足湯可能會燙傷皮膚，孩童和老人家要特別注意。

けしき 下呂景點

櫻花盛開的下呂溫泉合掌村

下呂溫泉合掌村

輕鬆體驗合掌文化

下呂溫泉合掌村並不是仿建白川鄉的主題部落，這裡面的建築物都是從白川鄉移建過來的，全部共10棟的合掌村家屋組成一個部落，重現合掌村的原始樣貌，說它是一處呈現合掌建築風格和飛驒生活文化的主題博物館比較適合。

其中，在下呂溫泉合掌村裡最大、同時也是保留得最完整的「舊大戶屋

岐阜縣下呂市森2369 0576-25-2239 每天08:30～17:00(最後入園時間為16:30)，12/31～1/2 09:00～16:00，全年無休 成人¥800，兒童¥800，園內體驗活動、觀劇和遊樂設施另外收費 於下呂車站前乘搭濃飛巴士於合掌村站下車 1～2小時 www.gero-gassho.jp P.134

住宅」，是日本國家指定重要民俗文化財產，該建築由動土到落成耗時足足13年，典型切妻合掌式建築的外貌，屋頂運用如書本蓋在屋頂的設計建造，並用茅草厚厚覆蓋著。兩層高的合掌屋格局，地下是生活的地方，展示很多農具與生活用品，2樓用作養蠶和蠶絲紡織的工廠。

除了重現飛驒文化的「舊大戶屋住宅」，還有一棟名為「白鷺座」的合掌屋會定時上演皮影戲，想要體驗和紙製作與陶藝體驗的人可以到「飛驒工坊」去，走到累了就愜意地在「合掌足湯」免費泡一下足湯，或是前往山坡上的茶房「萬古庵」，品嘗一份傳統日式甜點吧。

國家指定重要民俗文化財產「舊大戶屋住宅」

重現合掌里的原始樣貌

道地體驗

期間限定！

下呂溫泉合掌村和服體驗

說起和服體驗，第一時間會想到的大概是京都或金澤這種赫赫有名的古都，但其實在下呂溫泉合掌村，也提供期間限定的和服體驗，而且價錢相對便宜，穿著和服優雅地在合掌村裡散步，四季分明的美景就是你的最佳拍照背景！

🕒10～5月09:00～16:30(最後接待時間15:00)

$ 1小時(女性 ¥3,000，男性 ¥4,000)；3小時(女性 ¥3,500，男性 ¥4,500)；1天(女性 ¥4,500，男性 ¥5,500)

i 必須網上預約，每天只接待10名女性和5名男性

http www.waseikatsu.com

下呂溫泉街

下呂最熱鬧的街道

林羅山像

下呂之所以能晉身日本三大名泉，全靠江戶時代儒學家林羅山在詩文集第三中的記述：「全國溫泉當中以草津、有馬與下呂為天下三大名湯。」下呂的居民沒有忘記他的恩德，於溫泉街豎立了一座林羅山像，而圍繞在林羅山像附近的就是下呂溫泉街最熱鬧的地方，輕鬆遊走在各紀念品店和餐廳之間，逛到累了就找一個免費足湯歇歇腳吧。

岐阜縣下呂市湯之島　0576-25-2064(下呂溫泉旅館公會)　全日開放　免費　下呂車站步行5分鐘，經過下呂大橋和下呂溫泉神社後即到　1小時　www.gero-spa.or.jp　MAP P.134

醫王靈山溫泉寺

供奉白鷺傳說中的藥師如來

很久很久以前，下呂本來泉湧不止的溫泉突然停止，村民都感到相當難過。幾個月後，村民發現河岸上每天會飛來一隻白鷺，他們走到白鷺停降的地方一看，那裡竟然湧出源源不絕的溫泉。白鷺離去之後，留下一尊藥師如來像，這就是下呂的「白鷺傳說」。

該尊藥師如來像被供奉在這座溫泉寺裡面，傳說向藥師如來像淋水，可讓祈願者身體的相應部位病痛痊癒，因此常常有祈求病癒的香客前來拜祭。爬上173階的石梯之後，就會到達本堂。

岐阜縣下呂市湯之島680　0576-25-2465　全日開放　免費　下呂車站徒步20分鐘，抵達溫泉街往左上坡，在溫泉博物館附近　0.5小時　www.onsenji.jp　MAP P.134

下呂溫泉寺本堂

下呂發溫泉博物館

來深入認識溫泉文化

下呂発温泉博物館

豐富的館藏

步行式的足湯──藥師湯

這是一個以溫泉為主題的博物館，詳細地由歷史、科學和生活多個層面介紹溫泉，參觀者可以在總數多達400件的展品中，了解關於溫泉的歷史和知識。另外也有數百本珍貴藏書和明信片可供參觀。館內還有一個步行式的足湯，足湯底部布滿平滑的圓石，可刺激足底的穴位，據說繞走3圈就能達到相關療效。

岐阜縣下呂市湯之島856-1　0576-25-3400　09:00～17:00，週四休館(逢假日會延到翌日)　成人¥400、兒童¥200　下呂車站徒步15分鐘，抵達溫泉街往左上坡，博物館就在鷺之足湯附近　0.5～1小時　http www.gero.jp/museum　MAP P.134

噴泉池

天人合一的露天溫泉

360度無阻擋的戶外公共露天溫泉

有不少遊客在此泡足湯

這個被稱為「噴泉池」的露天溫泉位於益田川河畔、臨近下呂橋，自古以來被當地人視為珍寶。溫泉位於戶外公共場所，遊客可穿著泳衣入浴，但設備比較簡單，沒有淋浴區和儲物櫃。此外，想要體驗這種天人合一的泡湯樂，先得豁出去，無視橋上的行人和河畔溫泉旅館房客的注目禮。

岐阜縣下呂市幸田　0576-24-2222(下呂市觀光課)　全日開放　免費　下呂車站徒步3分鐘至下呂大橋旁　0.5小時　http www.gero-spa.com(観る・あそぶ>噴泉池)　MAP P.134

けしき 下呂美食

甚呂

ジンロ

當地傳統鄉土料理

悠閒溫馨的小餐館

2 人份的烤雞料理 ¥1,400

下呂最有代表的鄉土料理「雞ちゃん」，起源於自昭和30年，作法相當簡單，把已調味的雞肉和高麗菜放在蒙古烤肉鍋上一起翻炒就完成了，雞肉本身的鮮味配以店家特製的醬汁和燒烤焦香，樸實的道地風味，讓人一口接一口的品味停不下來！

✉岐阜縣下呂市森1075-9 ☎0576-25-6200 ⏲每天10:00開店，關店時間不定 ➡下呂車站步行7分鐘，經過林羅山像往右走就到 MAP P.134

萬古庵

在日式茶屋渡過美好午後時光

傳統榻榻米座位

甜點套餐 ¥900

萬古庵位於下呂溫泉合掌村半山腰上，是一家古色古香的日式甜品店，這裡的招牌甜品「萬古庵餡蜜」，色彩繽紛而且配料豐富，抹茶冰淇淋和紅豆泥不能少，底下是艾草、番茄和豆腐三種Q軟的麻糬丸，最特別的是加了一顆下呂產的小番茄。

✉岐阜縣下呂市森2369 ☎0576-25-2239 ⏲08:30～17:00 ➡於下呂車站前乘搭濃飛巴士於合掌村站下車，抵達合掌村後往山上步行5分鐘 http www.gero-gassho.jp MAP P.134

足湯之郷 Yuamiya

足湯の里ゆあみ屋

一邊泡足湯一邊品嘗甜點

Yuamiya位於下呂溫泉街最顯眼的位置，鄰近溫泉神社，店門口設有足湯。這裡既販賣當店限定的商品，同時供應多款甜品，包括No. 1熱賣的溫泉蛋冰淇淋，當熱乎乎的溫泉蛋遇上冰冷的冰淇淋，風味獨特！此外，嚴選下呂牛奶、高山雞蛋等優質食材的自家製布丁，也相當有人氣。

溫泉布丁 ¥360

溫泉蛋冰淇淋 ¥410

自助煮溫泉蛋 ¥100

岐阜縣下呂市湯之島801-2 ☎0576-25-6040 ⏰4～11月09:00～21:00；12～3月09:00～18:30 ➡下呂車站步行5分鐘，經過下呂大橋和下呂溫泉神社後即到 http yuamiya.co.jp MAP P.134

幸月本家

招牌紅豆銅鑼燒香甜濃郁

幸月本家在下呂車站不遠處，是一家由父子兩代人共同經營的家庭式和洋菓子店。其中使用了當地新鮮雞蛋和牛奶，包裹著鮮奶油和十勝紅豆餡的銅鑼燒，是他們的招牌甜點，除了經典口味，還有四季限定口味。

幸月本家販售各式日式點心

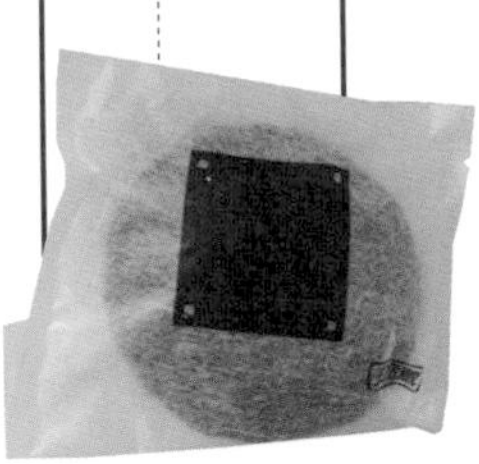

紅豆銅鑼燒 ¥200

岐阜縣下呂市幸田1145-4 ☎0576-25-2815 ⏰08:00～19:30，週四公休 ➡下呂車站步行3分鐘 http www.gerogle.jp(G-甜點>幸月本家) MAP P.134

買い物 下呂購物

遠遠就看到招財貓的蹤影

飛驒地區水果酒各 ¥1,340

Yamakawa

ヤマカワ支店招貓店

招財貓是吉祥物的賣店

Yamakawa是下呂溫泉占地面積最廣的紀念品店，距離JR站大概3分鐘路程。1970年開始營業，主要販賣各種飛驒地區的特產和手工藝品，門口高2.4米的巨型招財貓是店鋪的招牌標記，非常受歡迎。

岐阜縣下呂市幸田1163 0576-24-2525 08:30～18:00 下呂車站徒步3分鐘 www.gero-yamakawa.com MAP P.134

七福神社的繪馬牆

來採購飛驒地區的特產吧

白鷺橫丁

しらさぎ横丁

溫泉街中心的購物熱點

白鷺橫丁位於熱鬧的溫泉街中心，是溫泉旅館雅亭別館附設的賣店，販賣各種飛驒土產、食材和手工藝品等。賣店旁邊有一間小小的七福神社，逛到累了還可以免費享用裡面的猿寶寶黃金足湯呢！

岐阜縣下呂市湯之島780 0576-25-4580 09:00～22:00 下呂車站徒步6分鐘，經過下呂溫泉神社後往前走1分鐘即到 MAP P.134

下呂溫泉特色伴手禮

◆下呂素肌美人

曾經在下呂泡過溫泉的人，一定會驚嘆泉水讓肌膚變得滑嫩柔軟，甚至還有美肌效果，這款 100% 使用下呂溫泉水精製而成的噴霧型化妝水，不添加防腐劑和化學成分，輕輕一噴就能讓肌膚如絲般嫩滑，另外也有溫泉水面膜以供選擇，非常適合作為伴手禮，在各旅館和土產店均有銷售。

下呂溫泉化妝水噴霧，80毫升小瓶裝 ¥1,300，200毫升大罐裝 ¥2,400

下呂溫泉面膜 ¥410

◆湯名人手形

如果能在日本三大名湯之一的下呂溫泉住宿一晚當然是最好，然而礙於各種原因未能住宿也不用太傷心，不妨購買下呂溫泉旅館協同組合推出的「湯名人手形」，來一趟日歸溫泉之旅！

手持「湯名人手形」就能在超過 20 家加盟旅館自行選擇 3 家泡湯，使用期限為半年，各旅館或土產店有售。

使用完之後還可以當裝

湯名人手形 ¥1,300

豆知識

下呂與青蛙

若你細心的話，在下呂會發現很多青蛙造型的東西，不管是賣店裡的紀念品，還是地下排水道的蓋子，下呂與青蛙到底有什麼關係呢？原來下呂的發音「ゲロ」跟日本人形容青蛙的叫聲很像，因此青蛙便順理成章地成了下呂的吉祥物。

不能缺少的飛驒牛

隱身在山林裡的傳統旅館

充滿歷史感的大門口

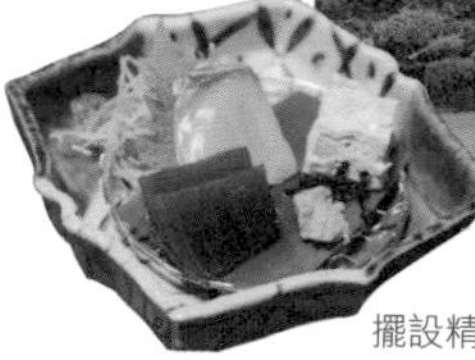
擺設精美的晚餐

✉岐阜縣下呂市湯之島645 ☎076-25-4126 $一泊二食(2人1室每人)本館¥17,000起，新館景山莊 ¥18,000起，附露天風呂別館 ¥21,000起 ➡由下呂站乘搭計程車大約10分鐘，旅館也設有免費接送服務和定期穿梭巴士 http www.yunoshimakan.co.jp MAP P.134

湯之島館

享負盛名的昭和古典旅館

しゅくはく

盤踞下呂之巔，湯之島館於1931年創業，至今已擁有接近90年的歷史，連昭和天皇皇后及平成天皇皇后也曾下榻。其建於昭和6年的本館主建築、走廊以及玄關已登記為有形文化財產。

到了今天，湯之島館已經擴展為一個巨大的建築群，占地約5萬坪，共有67間客房，除了最有歷史的本館，還有1986年竣工的新館「景山莊」，以及每個房間也附露天風呂的別館「和深山莊」，建築物交錯佇立在樹林間，因興建的年代不同而有所高低落差。

湯之島館隱身在茂盛的山林中，房客除了享用以飛驒牛為主菜的會席料理，也不要錯過旅館引以為傲的公共露天風呂，一邊泡在下呂的美人湯裡，一邊欣賞360度的山林美景，耳邊傳來蟲鳴鳥叫，徹底感受跟大自然融為一體的愜意溫泉時光吧！

悠久之華的庭院景觀(照片提供：悠久之華)

室內是簡約和風

在私人包廂裡享用精美的日式料理

岐阜縣下呂市湯之島898-1 0576-25-3428 一泊二食(2人1室每人)和室 ¥20,520起，和洋室 ¥22,680起 下呂站徒步大約10分鐘，或預約旅館免費接送服務 www.yukyunohana.com MAP P.134

悠久の華

悠久之華

大人風日式精品旅館

2012年建成的悠久之華以日式簡約原木風格為設計主調，全館只有6個房間，面積由40～57平方米不等，相比起一般溫泉旅館的房間寬敞舒適。

為了讓客人擁有極上的住宿體驗，悠久之華每間客室都附全露天風呂或展望溫泉，這也是下呂溫泉目前唯一全部房間附私人風呂的旅館，一邊在檜木製的浴缸泡溫泉，一邊欣賞飛驒川的四季美景，人生一樂也！

悠久之華的晚餐在私人包廂裡享用，使用大量天然檜木裝飾牆身的包廂裡，擺放著飛驒工匠精心打造的原木家具，安坐於此享用最高級的A5飛驒牛會席料理，食物的色香味加上縈繞不散的森林氣息，一邊品嘗精緻的料理、一邊把酒言歡，讓五感細味當下的美味時光。

揉合傳統日式旅館的親切款待與高隱私度的溫泉體驗，這就是大人風的小奢華旅行Style！

富岳

ふがく

鬧中取靜的溫泉旅館

占地 76 平方米附展望檜木風呂和洋室

展望大浴場

擁有22間客房的「富岳」位於溫泉鄉的中心，可徒步前往各個下呂溫泉熱門景點，而且客房均能眺望飛驒川沿岸的四季美景，絕對是一個鬧中取靜的住宿選擇！此外，富岳特別照顧偕同孩童出遊的家庭，館內有不少家庭友善的設施，提供父母與孩子一個安全舒適的環境，非常貼心。

岐阜縣下呂市湯之島898 0576-25-3428 一泊二食(2人1室每人)和室 ¥11,880起，和洋室 ¥14,040起，供4～6人入住的大和室 ¥10,800起，附展望檜木風呂和洋室 ¥20,520起 下呂站徒步大約10分鐘，或預約旅館免費接送服務 www.gero-fugaku.com MAP P.134

懷石宿 水鳳園

奢華的溫泉時光

懷石宿水鳳園門口

旅館的庭院

如果你想遠離市區的嘈雜，那麼靜謐地佇立在下呂高處的「懷石宿 水鳳園」就是你的選擇。全館只有19間客房，其中有9間客房附露天溫泉，每間的裝潢也別出心裁。入住這裡，享受頂級的懷石料理和欣賞四季更迭的自然美景，悠閒地度過一段奢華的溫泉時光吧！

岐阜縣下呂市森2519-1 0576-25-2288 一泊二食(2人1室每人)一般客房¥17,600起，附露天風呂客房 ¥26,180起 由下呂站乘搭計程車大約5分鐘，或預約旅館免費接送服務 www.e-onsen.co.jp MAP P.134

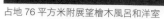

睦館

距離下呂車站最近的旅館

下呂車站步行 1 分鐘即達

睦館的會席料理

位於下呂車站旁的睦館占盡地理優勢，加上家庭式經營的親切款待一直吸引許多老顧客再訪。建於1970年，睦館共有19間客房，客房均附洗手間，但只有高級房型含溫泉風呂。睦館讓住客在房間內享用晚餐，就算是單人旅客也能體驗「部屋食」這種貼心的和式款待！

岐阜縣下呂市幸田1167-1　0576-25-3100　一泊二食(2人1室每人)普通房型 ¥10,000起，高級房型 ¥13,000起　下呂車站徒步即到　www.mutsumikan.co.jp　P.134

水明館

下呂最具規模的溫泉旅館

創業超過80年的「水明館」是下呂溫泉旅館中的老字號，位於飛驒川沿岸，由車站步行過來也只需3分鐘。由飛泉閣、臨川閣、山水閣和青嵐荘4間分館構成，占地1萬多坪、共擁有246間客房，光是大浴場就有3個，也有提供給外來遊客租用的私人風呂。

規模宏大的水明館

岐阜縣下呂市幸田1268　0576-25-2801　一泊二食(2人1室每人)飛泉閣 ¥9,500起，臨川閣 ¥14,500起，山水閣 ¥20,000起，青嵐荘 ¥55,000起　離開下呂車站後，在第一個街口往右步行大概3分鐘　www.suimeikan.co.jp　P.134

精選名湯

奧飛驒溫泉鄉

Okuhida Onsen

奧飛驒溫泉鄉位於日本中部岐阜縣高山市，由平湯溫泉、櫪尾溫泉、福地溫泉、新平湯溫泉及新穗高溫泉5個溫泉區組成。區內源泉掛流的流量充沛，露天溫泉的數量超過140處，被稱為露天風呂天國！

すいせん

奥飛驒推薦

新穗高高空纜車

鹽燒川魚

飛驒山椒鹽

平湯溫泉
匠之宿深山櫻庵
岡田旅館
平湯溫泉街
國道158
田中傳統日式旅館
鶴屋店
平湯溫泉
足湯公園
平田館
平湯神社
平湯民俗館
大和館
CAFÉ MUSTACHE
平湯之湯
Yoshimoto
阿爾卑斯街道平湯
平湯溫泉
濃飛巴士總站
平湯溫泉遊客中心
高山警察局
平湯臨時派出所
飛驒・北阿爾卑斯山
自然文化中心

新穗高溫泉
北
縣道475
蒲田川
水明館佳留萱山莊
穗高莊山之飯店
Hotel Hotaka
新穗高之湯
槍見之湯槍見館
旅館燒乃湯
深山莊
警察局
新穗高高空纜車
新穗高遊客中心山樂館
神寶乃湯
鍋平
高原站
新穗高高空纜車道
鍋平高原站
足湯
西穗高口駅
千石園地

福地溫泉
北
元湯孫九郎
湯元長座
福地溫泉
青垂
福地山
登山口
福地溫泉街
湯庄
福地館
旅館山水
いろりの宿
かつら木の郷
隱庵飛驒路
故鄉
福地溫泉
遊客服務中心
高原川
福地溫泉朝市
山里のいおり草円

◆搭乘火車或巴士◆

前往奧飛驒溫泉鄉，最直接的方法是由高山濃飛巴士中心搭乘往來「高山～新穗高溫泉」之間的巴士，前往平湯、櫪尾、福地、新平湯及新穗高各溫泉。平湯溫泉是整個奧飛驒溫泉鄉的主要交通樞紐，由高山前往平湯溫泉巴士總站約需 1 小時，到新穗高溫泉則需大概 1 小時 45 分鐘，但班次不算密集，必須先查看時刻表，以免錯過班次！

日本各地前往平湯溫泉交通方式

出發	鐵路／所需時間	指定席價格 (¥)
名古屋 →	JR 特急 Wide View 飛驒號 → 約 2 小時 26 分鐘 → 高山站 → 換乘濃飛巴士：約 1 小時	7,080
高山 →	濃飛巴士：約 1 小時	1,570
松本 →	ALPICO 交通 (往高山濃飛巴士中心方向) 巴士：約 85 分鐘	2,880

(資料時有異動，請以官方公布的最新資料為主

觀光案內所

新穗高纜車乘車券優惠套票

◆高山～新穗高 2 日自由乘車券 (高山・新穗高 2 日フリー乗車券)

購買這張濃飛巴士乘車券，可在 2 天內自由搭乘 JR 高山站前到奧飛彈溫泉鄉，以及新穗高的巴士路線，需要注意的是，如要搭乘纜車前往新穗高山頂需另外購票。高山～新穗高 2 日自由乘車券成人票價為價格 ¥4,110，兒童價格 ¥2,060，請在高山濃飛巴士中心購買此乘車券。

◆新穗高纜車優惠乘車券 (新穗高ロープウェイセットきっぷ)

前往奧飛驒觀光，怎能錯過日本唯一的兩層高空纜車？以下還有兩款「新穗高纜車優惠乘車券」，購票地點包括高山濃飛巴士總站和平湯濃飛巴士總站。

● 3 日內任乘「高山～新穗高溫泉」之間的巴士＋新穗高纜車＋平湯溫泉露天風呂入浴券＋飲品和小吃，價格 ¥6,690，6 ～ 12 歲的兒童價格 ¥3,090

● 3 日內任乘「高山～新穗高溫泉」之間的巴士＋新穗高纜車＋平湯溫泉露天風呂入浴券＋價值 ¥1,000 的午餐，價格 ¥6,990，6 ～ 12 歲的兒童價格 ¥3,090

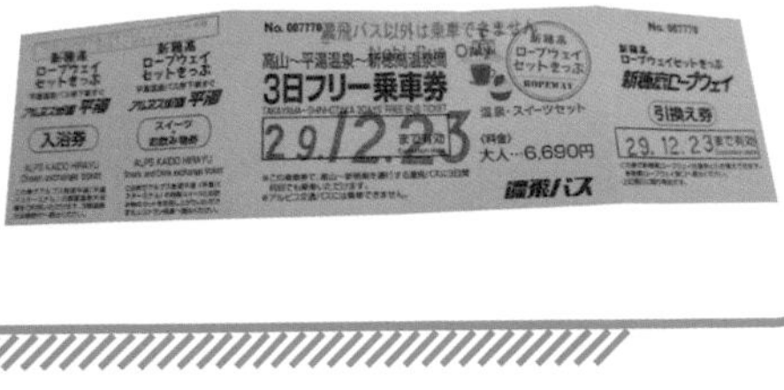

◆新穗高纜車交通資訊◆

新穗高高空纜車由兩段纜車組成，包括由新穗高溫泉站駛往鍋平高原站的第 1 段纜車，和由白樺平站抵達西穗高口站的第 2 段纜車，兩段纜車可以分開購票，但大多數遊客都會直接購買由「新穗高溫泉～西穗高口」的 2 段來回纜車門票。

纜車乘車券

新穗高溫泉站

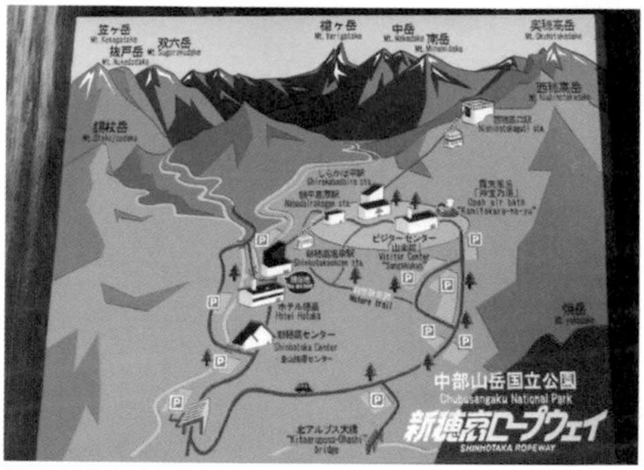

新穗高纜車路線表

新穗高纜車價格表

乘車區間		單程 (¥)	來回 (¥)
第 1 及第 2 段纜車 (新穗高溫泉～西穗高口)	成人	1,600	2,900
	兒童	800	1,450
	行李券 ※	300	600
第 1 段纜車 (新穗高溫泉～鍋平高原)	成人	400	600
	兒童	200	300
	行李券 ※	100	200
第 2 段纜車 (白樺平～西穗高口)	成人	1,500	2,800
	兒童	750	1,400
	行李券 ※	200	400

(超過 6 公斤的行李，需要行李券， 資料時有異動，請以官方公布的最新資料為主)

露天風呂天國

四季皆宜的溫泉鄉

位於日本中部岐阜縣高山市，奧飛驒溫泉鄉是平湯溫泉、櫪尾溫泉、福地溫泉、新平湯溫泉及新穗高溫泉5個溫泉區的總稱。

區內源泉掛流的流量充沛，當中露天溫泉的數量更超過140處，居日本之首。整個溫泉鄉被群山環抱，一邊泡溫泉，一邊眺望北阿爾卑斯山脈，伴隨季節更迭而變幻無窮的自然景致：新綠、粉櫻、楓紅、白雪，任何時間前來都讓人流連忘返。

要前往這個露天風呂天國，最方便的方法是由高山濃飛巴士中心乘坐巴士前往，約需1小時，也可以由松本車站過來，約需1小時30分鐘。雖然奧飛驒溫泉鄉的日歸溫泉設施非常齊全，但對於喜歡大自然和泡湯的人來說，怎能錯過在這樣的美景中渡過一泊二食的美好時光？

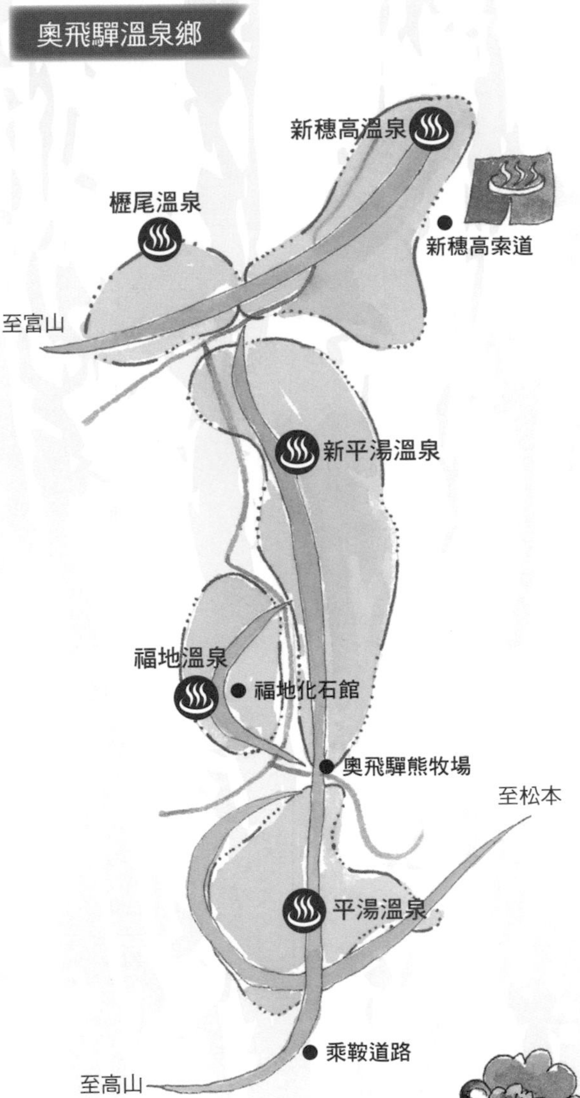

平湯溫泉

最古老也最有分量的溫泉區

平湯溫泉是遊客進入奧飛驒溫泉鄉的玄關口。作為5個溫泉區裡歷史最悠久的溫泉，平湯溫泉流傳著這樣的一個傳說。相傳日本戰國時代的大名武田信玄在白猿的帶領下，發現了一個療傷的溫泉，讓受傷的武士恢復了元氣，白猿傳說就這樣口耳相傳下去。平湯溫泉交通方便，加上溫泉旅館數目眾多，適合和小孩或家中長輩一同出遊。

福地溫泉

寧靜山間裡的祕湯

福地溫泉以「祕湯」為人熟悉，什麼是祕湯呢？「祕湯」即是遠離人煙的隱祕溫泉，多位於寧靜隱蔽的深山間，溫泉旅館的陳設精緻，有不少是古老農家房屋改建而成，恬靜而溫暖的氛圍，讓福地溫泉成為很多人最嚮往的祕湯之選。來一趟遠離塵囂的溫泉之旅，發現日本溫泉的原始之美吧！

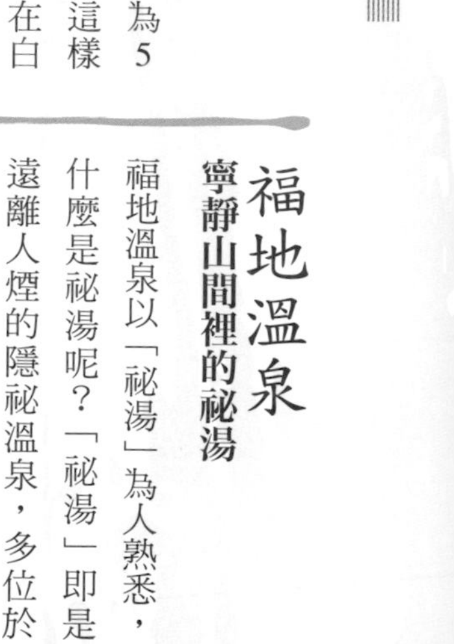

新平湯溫泉

奧飛驒的繁榮中心區域

新平湯溫泉位於奧飛驒溫泉鄉的中心區域，總數約40間各具特色的溫泉旅館任君選擇，餐廳、紀念品店等都可以在店鋪林立的溫泉街找到。這裡也設置奧飛驒名水「達磨水」（たるま水）的飲水處，也是傳說中的結緣之地。

櫪尾溫泉

蒲田川畔的樸素溫泉區

位於蒲田川旁的寧靜小區，櫪尾溫泉的旅館以家庭式經營為主。這裡山靜水好，蒲田川有很多溪流魚，吸引釣魚愛好者前來享受悠閒的垂釣之樂。此外，每年春天，當櫪尾桐谷川沿岸的櫻花盛開時，這裡還會舉辦「櫪尾溫泉櫻花祭」，在裝飾了彩燈的櫻花樹下漫步，體驗不一樣的溫泉鄉風情。

新穗高溫泉

北阿爾卑斯山腳下的溫泉區

新穗高溫泉位於奧飛驒溫泉鄉的最盡頭，蒲田、寶、佳留萱、槍見、中尾以及穗高6個地區合稱為「新穗高溫泉」。這裡也是北阿爾卑斯山的登山口和纜車站所在，大量觀光客和登山者雲集而熱鬧非常。新穗高的溫泉旅館主要分布在河岸兩邊，一邊在野趣十足的露天風呂泡湯，一邊欣賞壯麗的槍岳，也別有一番風味。

慢遊散策

北阿爾卑斯山腳的公共混浴露天風呂

新穗高之湯位於舊中尾橋下，隱藏在蒲田川旁，是一個完全被大自然包圍的免費露天風呂，野趣十足。由中尾高原口站步行3分鐘即達，新穗高之湯旁設有男女分開的更衣間和廁所，而且還可以穿泳衣入浴，讓害羞的女生也能安心體驗露天溫泉之樂。

日本唯一2層樓高的纜車

新穗高ロープウェイ

新穗高空纜車

俯瞰北阿爾卑斯群山的冬季絕景

春天，群山由融雪中冒出新綠，夏天是一半蔚藍一半翠綠的顏色組合，然後是漫山遍野的楓紅和金黃點綴，及後迎來白雪包圍的一片夢幻。要欣賞這媲美瑞士阿爾卑斯山的壯麗景觀，只要搭乘日本唯一兩層高的纜車，由新穗高溫泉站一躍抵達標高2,156米的西穗高口站，360度的絕美景色就在眼前！

✉岐阜縣高山市奧飛驒溫泉鄉新穗高 ☎0578-89-2252 ⏰4/1～11/30 08:30～16:00；8月08:00～16:30(8/13～16日本盂蘭盆節會提早於07:00開放)；12/1～3/31 09:00～15:30；10月的週末及假日08:00～16:00 $「新穗高溫泉～西穗高口」2段纜車來回，成人 ¥2,900，兒童 ¥1,450 ➡濃飛巴士終點站「新穗高纜車站」即到 ⌛2～3小時 http shinhotaka-ropeway.jp MAP P.154

西穗高口站

西穗高口站是一座樓高5層的建築，1樓及2樓作為車站用途，3樓是販賣店，4樓是食堂「Mount view」，屋頂是瞭望台。可以感受北阿爾卑斯群山在腳下的震撼。

屋頂

標高 2,156 米的瞭望台

4F

位於 4 樓的食堂

蘋果派和咖啡套餐 ¥900

3F

新穗高高空纜車紀念磁鐵 ¥380

動物別針 ¥540

1・2F

車站

慢遊散策

冬季限定的「雪之迴廊」

每年冬季，利用積雪堆高的「雪之迴廊」，在西穗高口站的千石園地登場，走進高達3米、長達240米的迴廊，在高聳的原生樹林中感受冬季限定的白色世界。

冬季限定的白色夢幻

平湯溫泉巴士站是奧飛驒溫泉鄉的出入口

アルプス街道平湯

阿爾卑斯街道平湯

集多功能於一身的景點

距離高山約1小時車程，平湯溫泉站是整個奧飛驒溫泉鄉的玄關口，就算不是以平湯溫泉作為終點站，也可以在阿爾卑斯街道平湯這裡短暫停留。

阿爾卑斯街道平湯集巴士站、商店、餐廳和展望露天溫泉於一身。1樓的賣店「AL PLAZA」販賣各種飛驒土產、地酒和食品等，也提供高山拉麵、飛驒牛料理及各種特色小吃，3樓的展望露天溫泉，可一邊泡湯一邊眺望北阿爾卑斯絕景，更設有女性專用休息室。如果來不及去泡湯，1樓巴士站旁也有一個免費足湯，在等車期間體驗一下也不錯。

山椒七味粉 ¥650

飛驒山椒鹽 ¥430

岐阜縣高山市奧飛驒溫泉鄉平湯628 0578-89-2611 08:00～17:30，冬季08:00～16:30 展望露天溫泉入浴費：成人 ¥600，兒童 ¥300 平湯溫泉巴士站下車即到 1小時 www.nouhibus.co.jp/alps/zh MAP P.154

平湯神社

平湯溫泉的「白猿傳說」

平湯溫泉是奧飛驒溫泉鄉最古老的溫泉。相傳日本戰國時代的大名武田信玄，以及許多吸入硫磺岳毒氣而相繼倒下的武士，在一隻白猿的帶領下，來到平湯一處不斷湧出溫泉的地方，泡完溫泉的武士恢復了元氣，白猿傳說就這樣口耳相傳下來。每年8月上旬，在平湯神社還會舉行「平湯溫泉猿滿節」以紀念這個傳說。

門口刻著平湯神社的石碑

岐阜縣高山市奧飛驒溫泉鄉平湯 全天開放 免費 平湯溫泉站步行3分鐘 0.5小時 hirayuonsen.or.jp(楽しむ > 知る > 平湯神社) P.154

平湯神社每年都會舉行祭典紀念白猿傳説

平湯民俗館可以參觀飛驒地區的生活用品

平湯民俗館

在合掌造型中一窺傳統飛驒生活型態

平湯民俗館就在平湯溫泉巴士站不遠處，主要由兩座木造茅草屋頂的「合掌造」建築，和一個露天溫泉組成，占地不大，是一個可以輕鬆前往參觀的景點。民俗館的前身是飛驒地區典型的農家，樓高2層的「合掌造」建築裡面，展示著飛驒地區的傳統服飾和農耕用具，參觀完後可以在館內的圍爐旁享用簡單小吃。一窺傳統飛驒生活型態之餘，不妨順路到旁邊那座男女分開的木造露天溫泉「平湯之湯」泡個湯。

岐阜縣高山市奧飛驒溫泉鄉平湯 0578-89-3338 夏季06:00～21:00，冬季08:00～19:00，不定休 免費參觀，平湯之湯入浴費¥300 平湯溫泉站步行3分鐘 0.5小時 hirayuonsen.or.jp(楽しむ > 知る > 平湯民俗館) MAP P.154

けしき

奥飛驒美食

福地溫泉朝市

採購時令特色農產品

這個深受當地人歡迎的朝市，一年四季販賣當季時令的特色農產品，不論是新鮮蔬菜、水果、蘑菇，或是醃漬的醬菜、自家製作的果醬，以至各種乾貨或骨董都有。朝市占地面積不算大，但也值得早點起床，來感受一下這種在地的古早味。

岐阜縣高山市奧飛驒溫泉鄉福地 0578-89-3600 4/15～11/14 06:30～11:00，11/15～4/14 08:30～11:00，全年無休 福地溫泉上站徒步即到 0.5 小時 www.okuhida-asaichi.com P.154

しゅくはく

奧飛驒住宿

大和館

やまと館

占盡地理優勢的家庭式溫泉旅館

時令鄉土料理

和風房間溫暖舒適

大和館距離平湯巴士站2分鐘步行路程，離平湯民俗館也僅一步之遙，占盡地理優勢！家庭式經營的大和館提供16間客房，分8疊及10疊兩種房型，從房間就能眺望遠處笠岳以及群山的景色，備受房客喜愛。晚餐是以飛驒牛和川魚為主的時令鄉土料理。

岐阜縣高山市奧飛驒溫泉平湯600 0578-89-2301 一泊二食(2人1室每人)平日 ¥10,800起，假日前日¥12,960起 平湯溫泉站步行2分鐘 www.okuhida-yamatokan.com MAP P.154

平田館

カントリーホテル高山

創業超過百年的傳統溫泉旅館

百年傳統溫泉旅館

平田館的和式餐廳

創業已經100年、以堅守傳統「款待之心」為傲的家庭旅館，房客可以享受直接由平湯最古老的第一號源泉，引導至旅館的百分之百掛流式溫泉。平田館共有22間客房，由基本的8疊日式客房，到附私人風呂的高級客房任君選擇。另外，全檜木造的大眾室內池，以及充滿野趣的岩石露天風呂也不能錯過！

岐阜縣高山市奧飛驒溫泉鄉平湯2-3 0578-89-2311 一泊二食(2人1室每人)基本日式客房 ¥10,000起，附檜木風呂的特別客房 ¥14,000起 平湯溫泉站步行5分鐘 www.hiratakan.co.jp MAP P.154

深山裡的溫泉旅館

靜謐新穎的深山櫻庵

匠之宿深山櫻庵

隱藏在深山裡的原木調建築群

匠の宿深山桜庵

匠之宿深山櫻庵是日本Hotel Spa 集團旗下的溫泉旅館，占地甚廣，共擁有72間客房。這家旅館離平湯車站有一小段距離，就如它的名字一樣，隱密而充滿意境，不論是置身被大自然包圍的露天風呂，還是獨享貸切風呂，住客都能在此享受一段悠閒時光。剛踏入開業10週年，在眾多平湯溫泉旅館裡面算是新穎的住宿選擇。

✉岐阜縣高山市奧飛驒溫泉平湯229 ☎0578-89-2799 $一泊二食(2人1室每人)日式客房 ¥15,556起，附露天風呂的和洋客房 ¥23,889起 ➡平湯溫泉站步行7分鐘，或預約旅館免費接送服務 http www.hotespa.net/hotels/miyamaouan MAP P.154

湯元長座

古民家改建的溫泉旅館

ちょうざ

日本溫泉教授松田忠德在他的著作《日本溫泉BEST 96泡溫泉一定要選旅館》中，對湯元長座積極的經營態度讚不絕口。湯元長座一方面保留傳統日式旅館的沉穩，另一方面也與時並進地不斷改良細節，因此不管是泡在露天風呂聽風吹過樹林的聲音，還是安坐在坑爐旁邊享用時令料理，住客都能感覺到旅館的用心，「這家旅館堪稱日式旅館的典範。」松田這樣說。

與時並進的溫泉旅館

✉岐阜縣高山市奧飛驒溫泉鄉福地溫泉786 ☎0578-89-0099 $一泊二食(2人1室每人)基本日式客房 ¥20,000起，亦提供可同時容納5～6人的大客房，費用由 ¥21,000起 ➡福地溫泉下或福地溫泉口站下車，或預約旅館免費接送服務 http www.cyouza.com MAP P.154

精選名湯

擁有超過 1,300 年歷史的加賀溫泉鄉，
自古以來就是北陸的溫泉觀光勝地，
地處石川縣金澤市近郊，
加賀溫泉鄉由幾個相鄰接的溫泉區組成，
當中最赫赫有名的 3 個溫泉區分別是：
遺世獨立的山中溫泉、
深受文人喜愛的山代溫泉，
以及可遠眺白山絕景的片山津溫泉。

加賀溫泉鄉

Kaga Onsen

すいせん

加賀推薦

山代溫泉古總湯

加賀野菜聖代百匯

九谷燒瓷器

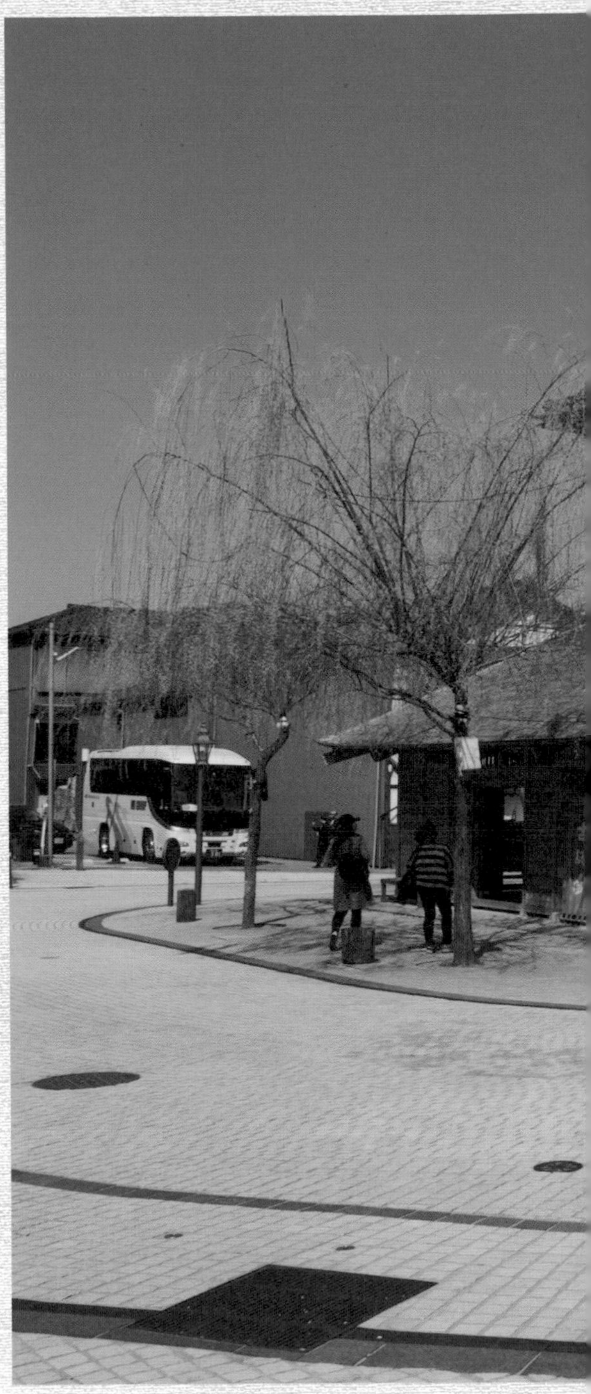

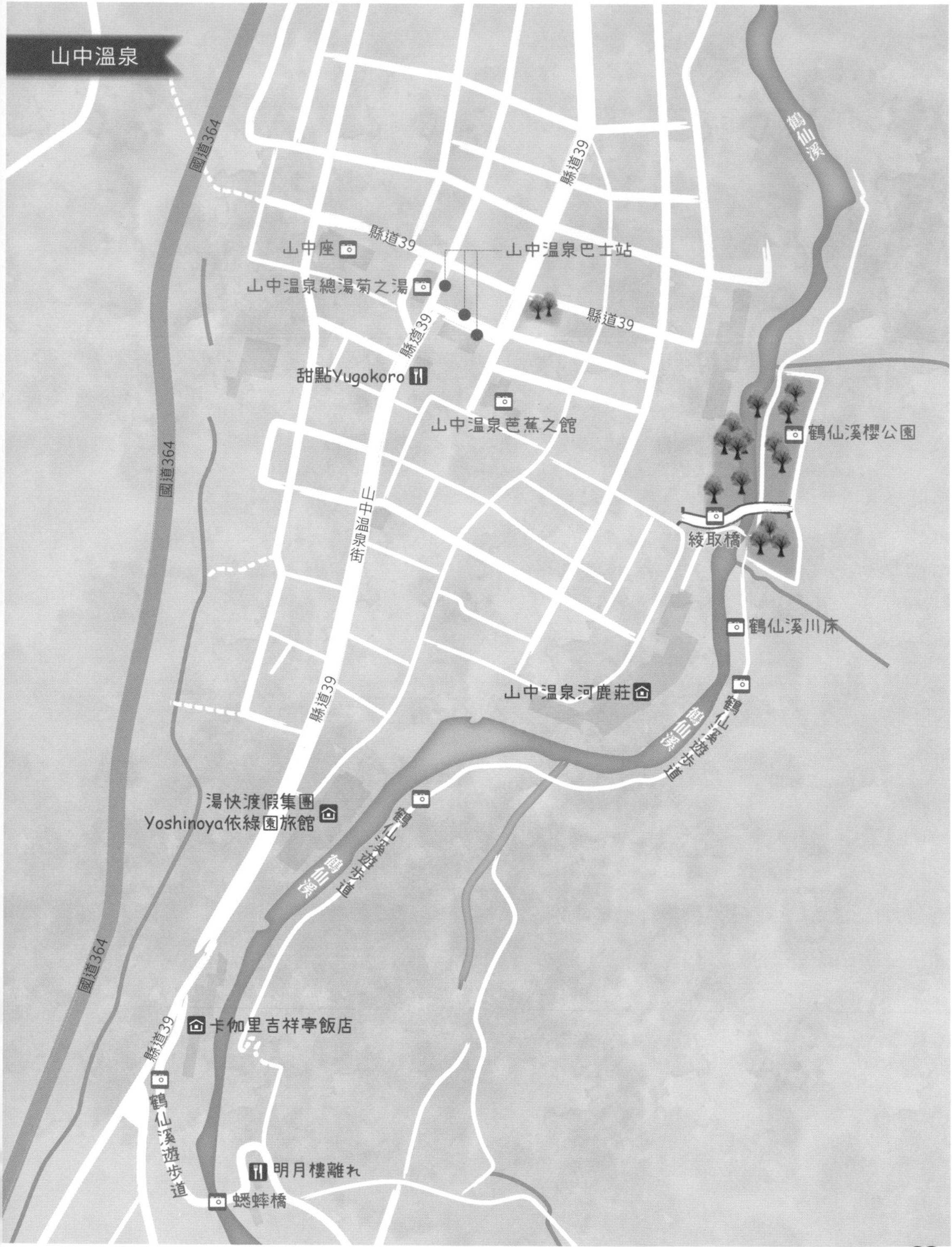
山中温泉
國道364
縣道39
山中座
山中温泉巴士站
山中温泉總湯菊之湯
甜點Yugokoro
山中温泉芭蕉之館
山中温泉街
鶴仙溪
鶴仙溪櫻公園
綾取橋
鶴仙溪川床
山中温泉河鹿莊
鶴仙溪遊步道
湯快渡假集團
Yoshinoya依緑園旅館
卡伽里吉祥亭飯店
明月樓離れ
蟋蟀橋

山代溫泉
瑠璃光
九谷燒窯跡展示館
山代温泉
Yunokuni天祥
縣道147
縣道151
縣道11
石川加賀山代
Livemax Resort
溫泉通
葉渡莉
Bengaraya
縣道151
縣道11
溫泉通
Hadutiwo樂堂
九谷燒體驗Gallery CoCo
古總湯
縣道11
星野集團界加賀
山代溫泉總湯
萬松園通
山代温泉橘四季亭
藥王院温泉寺
湯快渡假集團朝樂飯店
萬松園通
魯山人寓居跡
割烹加賀山代温泉食事處

片山津溫泉
縣道148
中谷宇吉郎雪之科學館
加賀片山津溫泉佳水鄉
柴山潟
縣道39
浮御堂
湖畔之宿森本
片山津溫泉巴士站
加賀觀光飯店
片山津溫泉總湯
Machi咖啡店
北陸本線
縣道39
北陸本線
加賀溫泉站
abio city加賀
蕎麥麵處澤屋
北陸本線

交通資訊
こうつうじょうほう

◆搭乘火車或巴士◆

計劃到加賀溫泉鄉，最方便的方法是搭乘 JR 北陸本線抵達「加賀溫泉站」後，換乘地區巴士前往各個景點；或是從小松機場或金澤市區搭乘直達巴士。

金澤到加賀溫泉鄉的北陸鐵道直達巴士名為「湯之里號」(ゆのさと)，起點為「兼六園．金澤城 (石川門)」，現在每天有 2 個班次，沿途行經片山津溫泉、山代溫泉和山中溫泉，終點站是山中溫泉的總湯「菊之湯」站，車程全長約 70 分鐘，單程票價成人 ¥1,350，兒童 ¥690。

◆加賀溫泉鄉當地交通◆

加賀溫泉鄉內的交通不算方便，巴士是主要的大眾交通工具，可惜班次疏落，遊客必須事先掌握相關資料才能流暢地安排行程。

加賀溫泉鄉的路線巴士站設於車站西口，分為 1 號乘車處的「溫泉片山津線」及 2 號乘車處的「溫泉山中線」，這 2 條路線的便利之處是車程時間較短，適合想直達景點的人。

另外，也有專門的觀光循環巴士「CANBUS」連接各主要景點，「CANBUS」分 1 日券及 2 日券，成人 1 日券 ¥1,000，2 日券 ¥1,200，兒童半價，可任意多次乘搭，然而班次並沒有想像中的多，為免長時間等待，需特別注意時刻表。

巴士查詢網站

加賀溫泉鄉路線巴士：www.tabimati.net(加賀溫泉鄉巴士路線情報)
觀光循環巴士「CANBUS」：www.kaga-canbus.jp

加賀溫泉站前往區內溫泉鄉交通方式

出發	抵達	所需時間	交通	價格 (¥)
加賀溫泉站	山代溫泉	約 15 分鐘	加賀溫泉鄉路線巴士「溫泉山中線」	250
			CANBUS 山環線	使用交通券
	山中溫泉	約 35 分鐘	加賀溫泉鄉路線巴士「溫泉山中線」	420
			CANBUS 山環線	使用交通券
	片山津溫泉	約 10 分鐘	加賀溫泉鄉路線巴士「溫泉片山津線」	250
			CANBUS 海環線	使用交通券
			CANBUS 小松空港線	使用交通券

(資料時有異動，請以官方公布的最新資料為主)

千年歷史的傳統溫泉

提起「加賀溫泉」這個名字，許多人會誤以為是指名氣響亮的高級溫泉旅館「加賀屋」，雖然同屬石川縣的溫泉，但前者是指由山代、山中、片山津、粟津、辰口等5處著名溫泉區組成的加賀溫泉鄉，而後者是一家位於七尾市和倉溫泉鄉的旅館。

擁有超過1,300年歷史的加賀溫泉鄉，自古以來就是北陸地方的溫泉觀光勝地，其中以山代溫泉、山中溫泉和片山津溫泉最受歡迎，而且各具特色，像山代溫泉及山中溫泉的古雅氛圍特別受文人所擁愛，而片山津溫泉的高溫鹽泉則讓人恢復體力。

觀光案內所

女神卡卡？不！是 Lady Kaga

加賀的日文發音為 Kaga，當地人於是取其諧音，2011 年開始推廣「Lady Kaga」這個觀光宣傳計畫。邀請一群來自加賀溫泉鄉的溫泉女將、餐廳及小店的女主人，組成約共 100 人的組合，拍攝宣傳廣告和出席各個媒體活動，向外界展示加賀溫泉鄉的熱忱好客及親和力。

山代溫泉的地標——古總湯

山中溫泉

山代溫泉街

山代溫泉

石川縣最大規模的溫泉區

山代溫泉是石川縣最大規模的溫泉區，街上處處可見色彩鮮豔的紅殼格子窗木建築，瀰漫濃厚的溫泉鄉風情。相傳一隻受傷的烏鴉在湧出的溫泉水中浸泡療傷，泉水治癒傷痛的療效傳遍全國，甚至連戰國時代的武將也曾特地前來此處療傷，後來也慢慢發展為眾多文人墨客喜愛的溫泉勝地。

位於山代溫泉中心的「湯之曲輪」有兩座地標性建築，一座是以復原明治時代公共浴場風情的「古總湯」，另一座是在老牌旅館舊址新建的「總湯」，附近一帶都以此為圓心向外發展成繁華的溫泉街。

溫泉以外，山代溫泉也承繼了豐富的加賀傳統文化，這裡是再興九谷瓷器的發源地，被譽為「九谷燒的故鄉」。

山中溫泉

俳聖芭蕉最愛的山中祕湯

顧名思義，山中溫泉就是一處隱身在群山之間的溫泉。相比起其他加賀溫泉鄉的溫泉，山中溫泉路途遙遠，由加賀溫泉站出發，在彎曲的山路中繞來繞去，大概需要半小時才能抵達，然而就是這種轉折才讓山中溫泉顯得遺世獨立。

日本著名文學家松尾芭蕉在此待了9天8夜，寫下日本文學

加賀溫泉鄉中的新興溫泉

清澈透明的鶴仙溪

位於柴山瀉湖畔的片山津溫泉

名著《奧之細道》，他用優美的詩句頌讚山中溫泉：「在山中不需折菊，溫泉凝脂消百病」，大概意思是「只要泡了山中溫泉就無需嘗長生菊上的露水」，一方面表達了他對山中溫泉的喜愛，同時說明這裡的溫泉有良好的療癒效果。

由山中溫泉的總湯「菊之湯」開始，漫步在鶴仙溪完善的遊步道，欣賞綠意盎然或紅葉漫天的自然景色，真是人生一大樂事。

片山津溫泉

在水一方，遠眺白山連峰的絕景溫泉

片山津溫泉位於柴山潟湖畔，據說這片湖一天之內會變化7次顏色，晴天的時候還可以眺望「日本3大名山」之一的白山連峰壯麗景觀，仙境般的湖景以及洋溢開放感的溫泉風情，就是片山津溫泉最大的魅力！

與其他動輒擁有過千年歷史的加賀溫泉區相比，片山津溫泉在江戶時代才被開發，算是加賀溫泉鄉裡面的新興溫泉。泉源來自柴山潟湖底湧出高達72.5度的高溫鹽泉，具有超強的保溫效果，而且不易冷卻，據說對改善女性常有的手腳冰冷非常有效。

此外，漂浮在柴山潟湖畔的「浮御堂」，以及由世界級建築師谷口吉生，所操刀設計的片山津溫泉總湯等景點，都值得前往一看。

山代溫泉古總湯

古總湯旁邊的「總湯」

古總湯

古総湯

重現明治時代公共浴場風情

加賀地區的溫泉鄉都有各自的「總湯」，但只有在山代溫泉才有「古總湯」。

古總湯位於山代溫泉的中心位置，溫泉旅館及商店都以此為中心而向外發展、延伸，然而「古總湯」並不古老，它是一座建於2009年的仿造建築，外觀參照1886年的公共浴場建造，除了外觀，連內部的地板及牆壁上的九谷燒瓷磚，都重現了300多年前的模樣。

2層高的「古總湯」設有男女分開使用的浴場，在日光的照耀下，浴場窗戶的洋風彩色玻璃呈現夢幻的色調，一邊浸泡在溫泉裡呼吸寧神的木香，一邊感受這種寧靜致遠的悠閒，真是人生一大樂事！享受溫泉後，不妨到樓上的休憩所小歇休息，俯瞰旁邊熱鬧的溫泉街風貌。

在「古總湯」旁邊的「總湯」，規模較大，而且設備齊全，就連當地人也常到這裡泡湯。購買一張¥700的套票，就可以在總湯和古總湯各泡一回。

加賀市山代溫泉18-128　0761-76-0144　06:00～22:00，每月的第4個週三上午公休 (下午正常營業)　12歲以上 ¥500，6～12歲 ¥200，3～6歲 ¥100，3歲以下免費　溫泉山中線「山代東口」下車，往前徒步5分鐘即到；或乘搭加賀周遊巴士「CANBUS」山環線「山代溫泉總湯、古總湯」下車　0.5～1小時　http www.yamashiro-spa.or.jp/foreign/zh_tw/spot　MAP P.171

豆知識

豪華絢麗九谷燒

九谷燒(くたにやき)的歷史可追溯到17世紀初期，與備前燒、清水燒等日本代表瓷器齊名。曾盛極一時，後來卻不知何故突然停產，幾經轉折，九谷燒約百年前才再度悄悄復興，同時引進新的製陶技術，為九谷燒注入新的作品風格。

絢爛華麗的彩繪是九谷燒最大的特徵，以紅、綠、紫、黃、青5種顏色為主要施釉色彩，配以大膽構圖和流暢自然的線條，使得九谷燒形成豪華高貴的風格。名家繪製的九谷燒作品固然價值不菲，然而在石川縣的各個觀光景點也有價格親切的九谷燒供遊客選購，甚至還有與動畫聯名的限定產品！

九谷燒體驗 Gallery CoCo

色彩既鮮豔又典雅的九谷燒瓷器

九谷燒體驗 Gallery CoCo

一起來動手繪製屬於你的九谷燒吧！

九谷焼体験ギャラリー CoCo

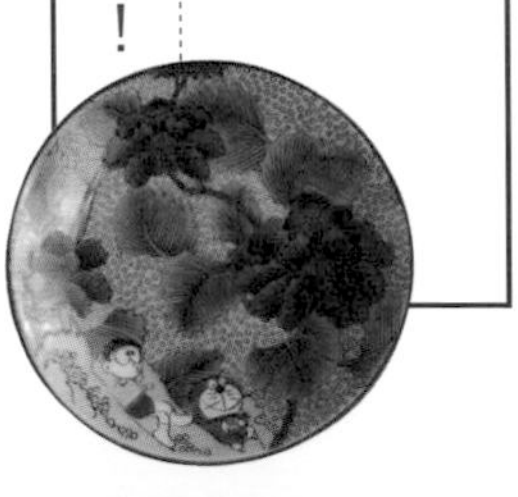

山代溫泉有現存最古老的九谷窯供遊客參觀，如果想親手繪製九谷燒的話，不妨前來古總湯對面的「九谷燒體驗 Gallery CoCo」體驗一下，價格由¥1,500起。先挑選喜歡的素色瓷碟、茶杯、湯碗、茶壺等，講師會為客人準備一切需要的工具，選定瓷器形狀後坐下專心繪製即可。

九谷燒繪畫體驗約需1.5小時，瓷器繪畫後的顏色跟想像中有點不一樣，因為還需要經過燒製才能呈現真正的色調，完成燒製的九谷燒會變得閃亮奪目，色彩繽紛而且具透明感，體驗後不妨多付運費，待瓷器燒製完成後寄回家。

加賀市山代溫泉18-115甲1 0761-75-7116 09:30～17:30，週四公休 九谷燒繪製體驗 ¥1,500起(不含運費) 溫泉山中線「山代東口」下車，往前徒步5分鐘即到；或乘搭加賀周遊巴士「CANBUS」山環線「山代溫泉總湯、古總湯」下車 1小時 yamashirococo.wordpress.com MAP P.171

鶴仙溪遊步道

追隨松尾芭蕉輕鬆行腳之樂

鶴仙溪是山中溫泉的代表觀光勝地。從蟋蟀橋到綾取橋、再到黑谷橋的溪流旁的散步道全長1.3公里，規畫完善，而且多以平路為主，就算老人家和小孩也能盡情享受溪邊漫步的樂趣。沿途一邊吸收豐富的芬多精，一邊欣賞四季的景致，特別是春天的新綠及秋天的紅葉更是讓人歎為觀止，難怪俳句詩人松尾芭蕉也推崇備至！

橫跨在鶴仙溪上的橋梁都富有特色，像是由柏木建造、擁有超過300年歷史的「蟋蟀橋」，這座古風雅致的橋也是遊客們必到之處，更是山中溫泉的代表名勝；靈感來自日本傳統的綁繩遊戲「綾取」而得名的「綾取橋」也相當特別，由已故花道草月流掌門人勅使河原宏氏所設計，綾取橋長80米，扭曲成S形的造型非常特別，從橋上可俯瞰鶴仙溪的美景。

此外，只在每年的4～10月之間營業的「鶴仙溪川床」也深受好評。在大自然的包圍中，品嘗山中籍的名廚——道場六三郎的特製甜點，在溪流、瀑布的清潤水聲中，享受風雅一刻。

漫步鶴仙溪

山中溫泉的代表名勝「蟋蟀橋」

石川縣加賀市山中溫泉 0761-78-0330(山中溫泉觀光協會) 全日開放 自由參觀 溫泉山中線「菊之湯前」下車，再徒步5分鐘；或乘搭加賀周遊巴士「CANBUS」山環線「山中溫泉菊之湯、山中座」下車，徒步5分鐘 2小時 www.yamanaka-spa.or.jp/global/tw(賞>鶴仙溪) MAP P.170

山中座大廳天花板

山中溫泉的源泉──菊之湯

充滿日本風情的溫泉街

✉石川縣加賀市山中溫泉 ☎0761-78-0330(山中溫泉觀光協會) ⏲全日開放 $自由參觀 ➡溫泉山中線「菊之湯前」下車；或乘搭加賀周遊巴士「CANBUS」山環線於「山中溫泉菊之湯、山中座」下車即到 ⌛1小時 http www.yamanaka-spa.or.jp/global/tw (賞>山中溫泉街) MAP P.179

山中溫泉街

漫步在1,300年歷史的溫泉街道

由公共溫泉浴場「菊之湯」開始延伸下去的山中溫泉街，兩旁是鱗次櫛比的傳統工藝品店、咖啡店、餐廳和旅館，遊客可漫步在這擁有1,300年歷史的溫泉街上，感受自古以來熙熙攘攘的熱鬧氣氛。位於溫泉街中心的「菊之湯」是山中溫泉的源泉，自奈良時代的高僧行基發現溫泉以來，浴場的地點一直沒有更改過。「菊之湯」是兩座獨立的建築物，分男湯和女湯，大人入浴費用為¥440，旁邊也設有飲用源泉和泡足湯的「笠之露」，免費供遊客享用。

漆器在英文稱作Japan，在眾多漆器產地中，山中漆器是評價很高的品牌，山中溫泉更被譽為漆器的故鄉。在「菊之湯」旁邊的是集山中漆器工藝之大成的表演場所「山中座」，擦漆技法做的欅木柱和描繪在格狀天花板的圖案，都是漆器師傅們高超工藝技術的呈現，特別是在大廳天花板上所繪畫的作品──「小孩們的慶典」，以金、銀與色漆繪製的作品相當華麗！

慢遊散策

在水中央的「浮御堂」

由片山津溫泉總湯步行大約 5 分鐘就能抵達，漂浮在柴山潟湖畔的「浮御堂」(うきみどう)是片山津溫泉其中一個地標，這裡供奉著守護柴山潟湖的弁天神和神龍。據說這片湖一天之內會變化 7 次顏色，入夜後被燈光投射的浮御堂更是美不勝收。遊客並可於此欣賞一日 13 次的 70 米高大型噴水表演。

片山溫泉附近，美麗的浮御堂也很值得一遊

片山津溫泉總湯由世界級建築家設計

透明感十足的玻璃帷幕建築

加賀市片山津溫泉乙65-2 0761-74-0550 06:00～22:00，不定休 12歲以上 ¥440，6～12歲 ¥130，3～6歲 ¥50 溫泉片山津線「片山津溫泉總湯前」下車；或乘搭加賀周遊巴士「CANBUS」海環線或小松機場線於「片山津溫泉總湯」下車，再徒步1分鐘 1小時 http sou-yu.net MAP P.171

片山津溫泉總湯

佇立在湖畔的現代化溫泉

佇立在柴山潟湖畔，片山津溫泉總湯捨棄傳統大眾浴場的和風建築，由世界級建築家谷口吉生操刀設計，將湖岸堤防納入建築規畫，運用高差地基讓棧道由建築物下方穿越，並聯繫著湖岸與溫泉街，一座透明感十足的玻璃帷幕建築，為這個溫泉區帶來衝擊，卻又毫無違和感的氛圍！

片山津溫泉總湯的泉源，是來自柴山潟湖底所湧出的鹽泉，泉溫高達72℃，具殺菌和療傷功效，而且保溫效果佳，特別合適虛寒人士。館內共有2個浴場，包括面向柴山潟湖畔的「潟之湯」和面向中庭的「森之湯」，浴場會每天對換男湯和女湯，不管是雄偉的白山連峰景色，還是翠綠清新的庭院景觀，都療癒力十足。

另有販售戚風蛋糕加飲品組合 ¥600

加賀市片山津溫泉乙65-2 0761-74-5500 10:00～17:00，16:30最後點餐，週四公休 溫泉片山津線「片山津溫泉總湯前」下車；或乘搭加賀周遊巴士「CANBUS」海環線或小松機場線於「片山津溫泉總湯」下車，再徒步1分鐘，位於片山津溫泉總湯二樓 www.kagaparfait.com MAP P.171

加賀聖代百匯 ¥880

Machi 咖啡店

まちカフェ

大啖健康又美味的加賀野菜聖代百匯

「加賀聖代百匯」（加賀パフェ）是「加賀當地美食推進協議會」特別設計的特色甜點，目前共有6家加賀溫泉鄉內的咖啡店，供應6款不同的「加賀聖代百匯」，這個聖代百匯的最大特徵是使用了當地知名的加賀野菜，5層高的聖代百匯外觀色彩繽紛，賣相精緻，而且價格統一為¥880。此外，盛裝聖代百匯的器皿也是加賀的傳統工藝品，例如九谷燒的碟子及小杯，或是使用山中漆器的托盤等。

位於片山津溫泉總湯2樓的Machi咖啡店，供應的是「加賀野菜鹽奶油聖代百匯」，使用了南瓜、番薯、蓮藕、青瓜、番茄等，多款加賀野菜泡製而成的5層豪華聖代百匯，不論是顏色、造型還是味道都極具個性。一邊透過落地玻璃窗欣賞柴山潟一望無際的景色，一邊吃著健康又美味的甜點，簡直是視覺跟味覺的雙重享受！

蕎麥麵處澤屋

そば処澤屋

創業30年的日式料理店

創業超過30年，這間位於加賀溫泉站旁的料理店，除了方便到此一遊的旅行者之外，也深受當地居民的歡迎。店長堅持使用優質的材料烹調各款料理，除了自家製的蕎麥麵和烏龍麵之外，連米飯也嚴選新潟所出產的米。

天丼 ¥890

蕎麥麵處澤屋

加賀市作見町25-1　0761-72-8750　10:00～20:00，19:30最後點餐，每月第2個週二公休　加賀溫泉站徒步1分鐘，於「abio City加賀」內　www.sawaya-kaga.com　MAP P.171

Hadutiwo樂堂

古總湯旁的和風茶館

Hadutiwo 樂堂是一個複合的空間，裡面設有使用當地食材製作料理的餐廳、販賣地方工藝家作品的商店，還有舉辦各種文藝活動的表演場所。店鋪就在山代溫泉古總湯旁邊，這也是其中一間供應「加賀聖代百匯」的茶房，除了甜點，這裡的咖哩也大受好評！

Hadutiwo 樂堂

備受好評的甜點

加賀市山代溫泉18-59-1　0761-77-8270　09:30～18:00，週三公休　溫泉山中線「山代東口」下車，往前徒步5分鐘；或乘搭加賀周遊巴士「CANBUS」山環線「山代溫泉總湯、古總湯」下車，徒步1分鐘　www.hadutiwo.com　MAP P.171

加賀聖代百匯吸睛又美味

注目的紅殼格子窗

Bengaraya
優雅風紅殼格子店鋪

べんがらや

走在山代溫泉街上，這間紅殼格子窗的傳統建築物特別引人注目，以Gallery & Bistro為主題，讓人在品嘗料理的同時還添加幾分藝術氣息。店鋪提供價格親切的時令加賀午膳套餐，料理以外，這裡也有咖啡廳，主打各款以加賀棒茶調製的甜點，也能吃到大受歡迎的「加賀聖代百匯」。

加賀市山代溫泉溫泉通り59　0761-76-4393　10:00～17:30，週三公休　溫泉山中線「山代東口」下車，往前徒步3分鐘；或乘搭加賀周遊巴士「CANBUS」山環線「山代溫泉總湯、古總湯」下車，徒步2分鐘　vwww.bengara-ya.jp　MAP P.171

甜點Yugokoro
自家製清甜紅豆善哉

甘味処湯ごころ

這家和式甜品店就在山中溫泉的中心位置，由公共浴場「菊之湯」徒步即可抵達。身為和菓子職人的老闆，堅持使用北海道生產的大納言紅豆製作餡料，特別推薦附有兩大塊烤麻糬的紅豆善哉，甜度適中，夏季期間限定的宇治金時也值得期待！

Yugokoro 店門口

紅豆善哉 ¥500

加賀市山中溫泉湯之出町レ7-3　0761-78-1855　10:00～18:00，週二公休　溫泉山中線「菊之湯前」下車，步行1分鐘；或乘搭加賀周遊巴士「CANBUS」山環線於「山中溫泉菊之湯、山中座」下車，步行1分鐘　http tabimati.net(美食>湯ごころ)　MAP P.170

買い物
加賀購物

abio city 加賀十分好逛

abio city 加賀
アビオシティ加賀

好逛好買！加賀溫泉的玄關口

位於加賀溫泉站旁邊，「abio city 加賀」是一個大型購物中心，裡面有巨型超市和多家餐廳，也有販賣加賀傳統工藝品和當地土產的專門店，甚至藥局、玩具店、服飾店等也一應俱全，不妨利用等候電車或巴士的空檔前來輕鬆購物。

山代溫泉噴霧化妝水

百分之百山代溫泉源泉水製成的化妝水噴霧，自從 2008 年上市以來就非常受歡迎！完全不使用任何防腐劑及化學成分等，弱鹼性硫酸鹽泉水能夠令肌膚變得柔滑滋潤，其保濕成分特佳，讓肌膚呈現光澤。

加賀前田藩梅花御紋菓子盒 ¥537

御菓子調進所 山海堂

明治38年創業於山中溫泉的和菓子店，他們最有代表性的四季御乾菓子盒一定會讓女生大呼可愛！在糯米餅盒中放入小巧的金平糖和有寓意的落雁，並附上占卜籤文，每次打開也有驚喜，「讓傳統的和菓子變得更有趣！」就是老闆的堅持。

御菓子處 音羽堂

山代溫泉「御菓子處 音羽堂」的加賀紫雲石，可以說是加賀地區其中一款不能錯過的和菓子，這也是曾經獻給日本皇太子的銘菓。加賀紫雲石的用料非常簡單，只使用了寒天、紅豆和糖而已，但獨有的高雅清甜口感，卻絕非一般羊羹可相比。

山中石川屋

來到山中溫泉一定會被鋪天蓋地的「娘娘萬頭」廣告吸引目光，到底「娘娘萬頭」是什麼？這是一款由山中石川屋製作的和菓子，「娘娘」來自加賀方言「にゃあにゃ」，意思是「女兒」。餡料使用黑糖與地產味噌，恰到好處的香甜別具風味！

娘娘萬頭 ¥330 ／ 3 個

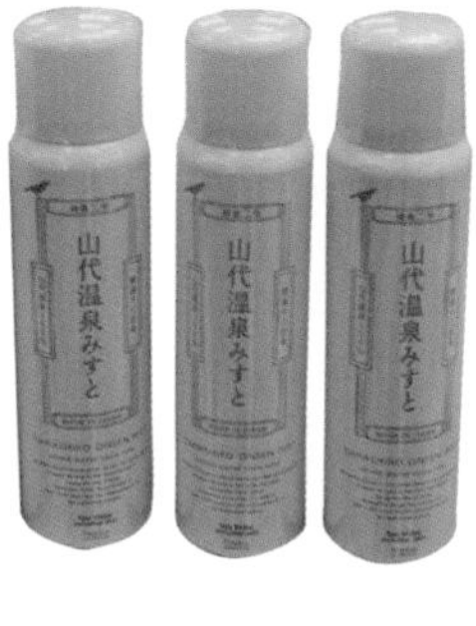

山代溫泉噴霧 ¥1,300／80克

加賀紫雲石 ¥540 ／ 4 個

加賀市作見町ル25-1 0761-73-5300 09:30～20:00 加賀溫泉站步行1分鐘即到 www.heiwado.jp P.171

✉加賀市山代溫泉18-47 ☎0570-073-011 $一泊二食(2人1室每人)和洋客房¥27,000起，附露天風呂和洋客房¥36,000起 ➡加賀溫泉站搭乘計程車大約10分鐘，或搭乘公車(詳細時刻表官網查看) http kai-ryokan.jp/kaga MAP P.171

住客每晚都可以在旅館大廳欣賞精采的加賀舞獅秀(照片提供：星野集團界加賀)

星野リゾート界加賀

星野集團界加賀

極上加賀傳統湯宿

由1914年開設第一間旅館，百多年來，星野集團運用其獨特的管理系統，讓旗下多個度假村及旅館成為精品旅宿的代名詞。「界」是星野集團經營的高級日式溫泉旅館品牌，目前共有15家「界」溫泉旅館，分布於各個日本知名溫泉區。

位於山代溫泉「古總湯」側，界加賀擁有48間獨具匠心的「加賀傳統工藝客房」，在重視舒適度的和洋空間內，配備了矮床和沙發，也布置了加賀花繩、加賀友禪染、九谷燒、山中漆器等傳統工藝品，讓住客在這融合了加賀傳統與現代化的客房裡度過美好時刻。

此外，每晚旅館大廳還免費上演象徵江戶時代武家文化的加賀舞獅秀，讓住客近距離觀賞雄壯華麗且具震撼力的表演，感受在地文化！

「加賀傳統工藝客房」融合傳統風格與現代化的舒適感(照片提供：星野集團界加賀)

瑠璃光

多次蟬連百選之宿、北陸溫泉之選

日本旅遊專業報章《旬刊旅行新聞》每年會舉辦「日本溫泉旅館100選」，針對服務、料理、設施、企劃4大項目進行評核投票，由專家票選出100張名單再進行嚴格的評價。

位於石川縣加賀溫泉鄉的山代溫泉區，瑠璃光曾多次蟬連「日本溫泉旅館100選」，被譽為北陸其中一家最好的溫泉住宿之選，以山代溫泉的保護神藥王院本尊「藥師琉璃光如來」命名，共99間客房分布於6層樓，除了鋪設榻榻米的舒適和室外，也有附露天風呂與西式床鋪的客房以供選擇。

一般溫泉旅館的溫泉在午夜過後就會暫停開放，但琉璃光的露天風呂、大浴場和足湯24小時開放，喜歡泡湯的人隨時也能享受湯泉之樂。此外，住客每晚還可以免費欣賞傳統的「加賀一向一揆太鼓」表演，早上在旅館大堂裡舉辦的早市也值得一逛。

舒適寬闊的和風房間

溫泉旅館裡的早市，販賣當地海鮮物產

溫泉旅館附設足湯

✉加賀市山代溫泉19-58-1 ☎0761-77-2323 $一泊二食(2人1室每人)星之棟 ¥22,680起，風之棟 ¥18,360起，月之棟 ¥14,040起，洋式經濟客房 ¥11,880起 ➡加賀溫泉站搭乘計程車大約10分鐘，或預約旅館免費接送服務 http rurikoh.jp MAP P.171

都會悠閒

名古屋 Nagoya

名古屋不單擁有熱鬧非凡的大都會風情，作為日本中部地區的中心城市，它更擁有著深厚的歷史淵源，織田信長、豐臣秀吉和德川家康三位叱咤風雲的武將都是名古屋地區出身，及後在尾張藩主的推動下，名古屋更發展出獨特的文化，商業和工業都得以蓬勃發展。

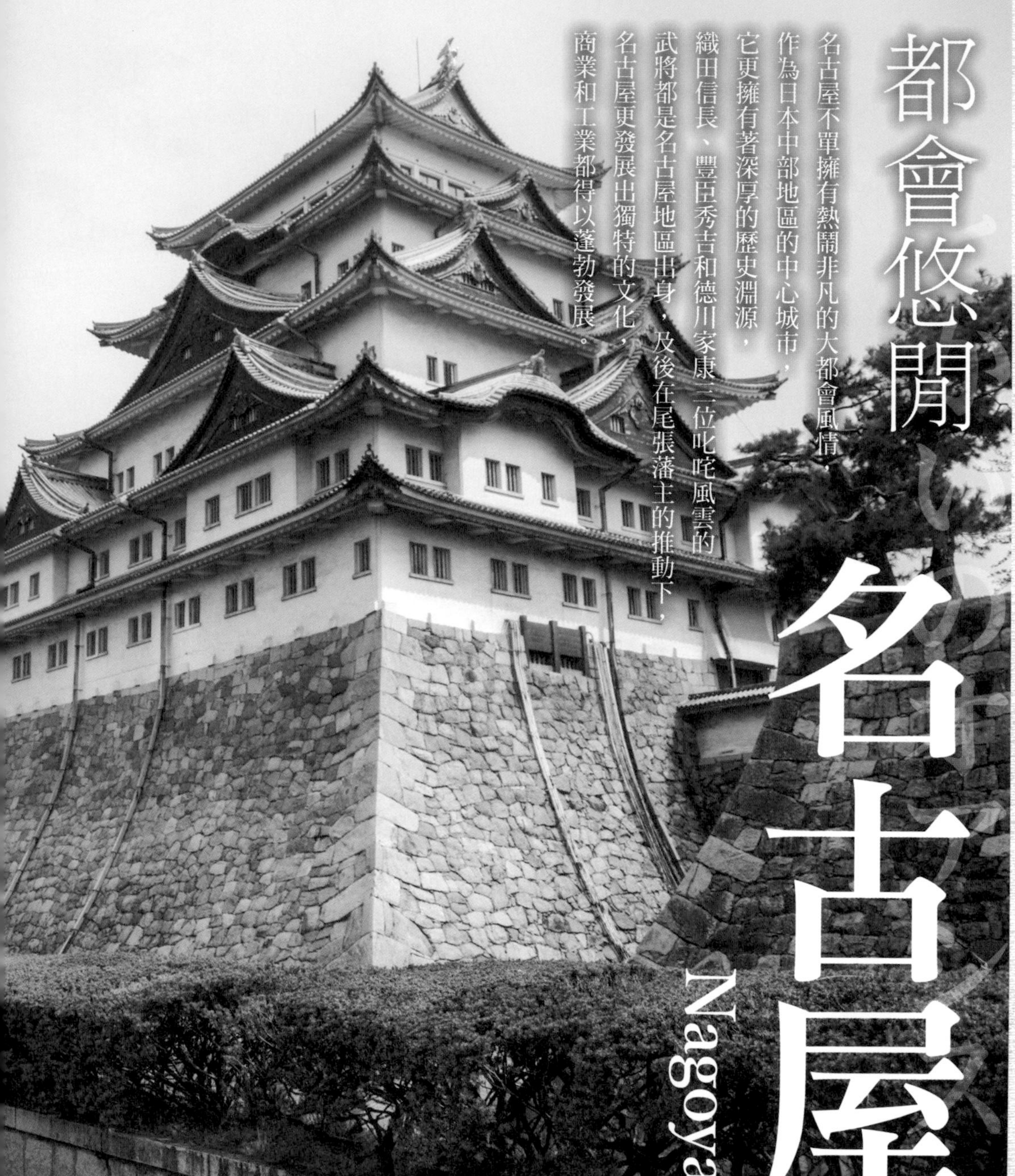

すいせん

名古屋推薦

名古屋城本丸御殿

味噌炸豬排

蝦仙貝

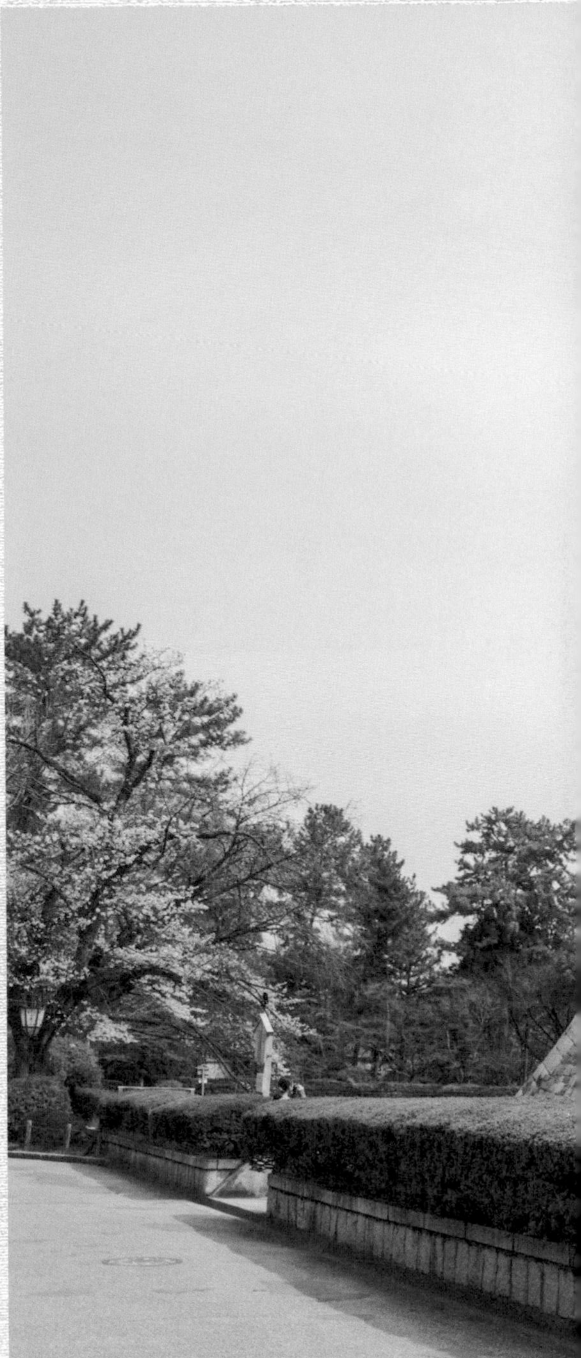

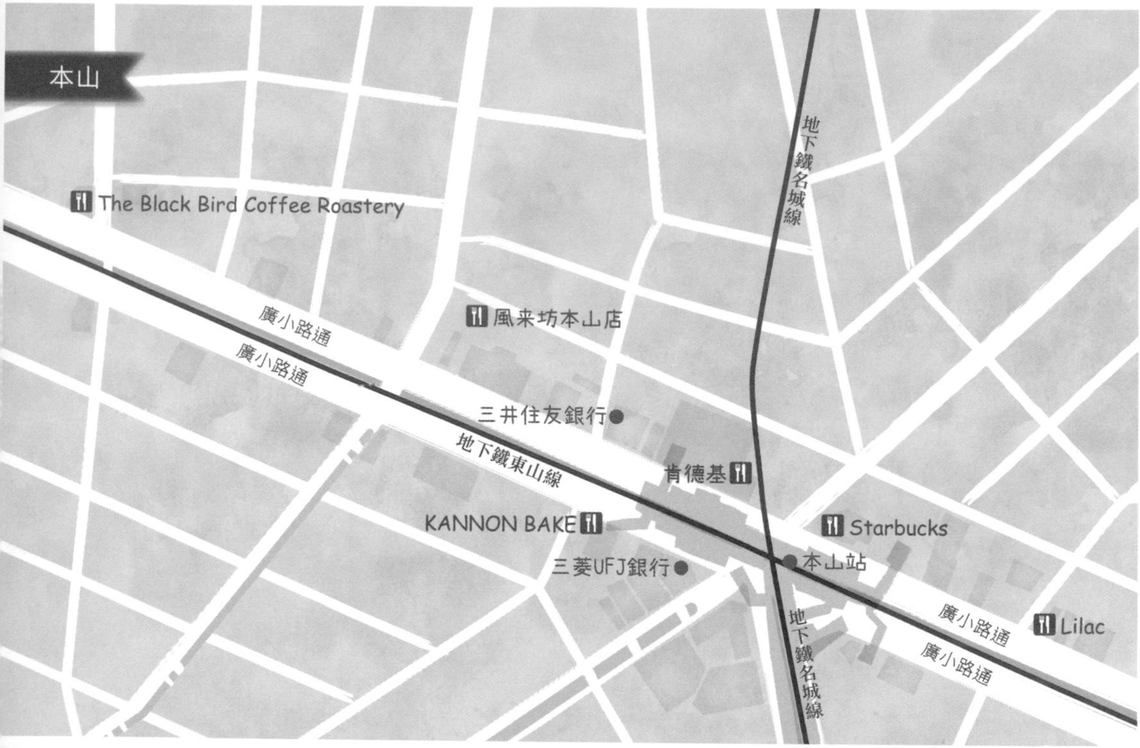
本山
The Black Bird Coffee Roastery
風来坊本山店
廣小路通
廣小路通
三井住友銀行
地下鐵東山線
肯德基
KANNON BAKE
Starbucks
三菱UFJ銀行
本山站
廣小路通
廣小路通
Lilac
地下鐵名城線
地下鐵名城線

名古屋城、榮、伏見一帶
北
Lamp Light Books Hotel Nagoya
re:Li
御園座
地下鐵大須觀音站
地下鐵鶴舞線
地下鐵伏見站
地下鐵鶴舞線
金鯱橫丁義直區
大須觀音
大須觀音古董市集
名古屋市科學館
三越名古屋榮店
UNIZO INN 名古屋榮
名古屋城
名古屋市美術館
天婦羅飯糰千壽
大須商店街
LACHIC
地下鐵東山線
櫻通
地下鐵櫻通線
名城公園
松坂屋名古屋店
コンパル大須本店
金鯱橫丁宗春區
今井總本家
PARCO
地下鐵上前津站
久屋大通
地下鐵久屋大通站
地下鐵市役所站
名古屋市政府
綜合醫院
矢場味噌豬排本店
地下鐵榮站
名鐵瀨戶線
地下鐵矢場町站
the b 名古屋飯店
綠洲21
久屋大通公園
名古屋市市政資料館
警察局
地下鐵鶴舞線
名古屋電視塔
世界の山ちゃん本店
櫻通
Hotel MyStays 名古屋榮
名鐵瀨戶線
鶴舞站
地下鐵東山線
地下鐵櫻通線
JR中央本線
鶴舞公園

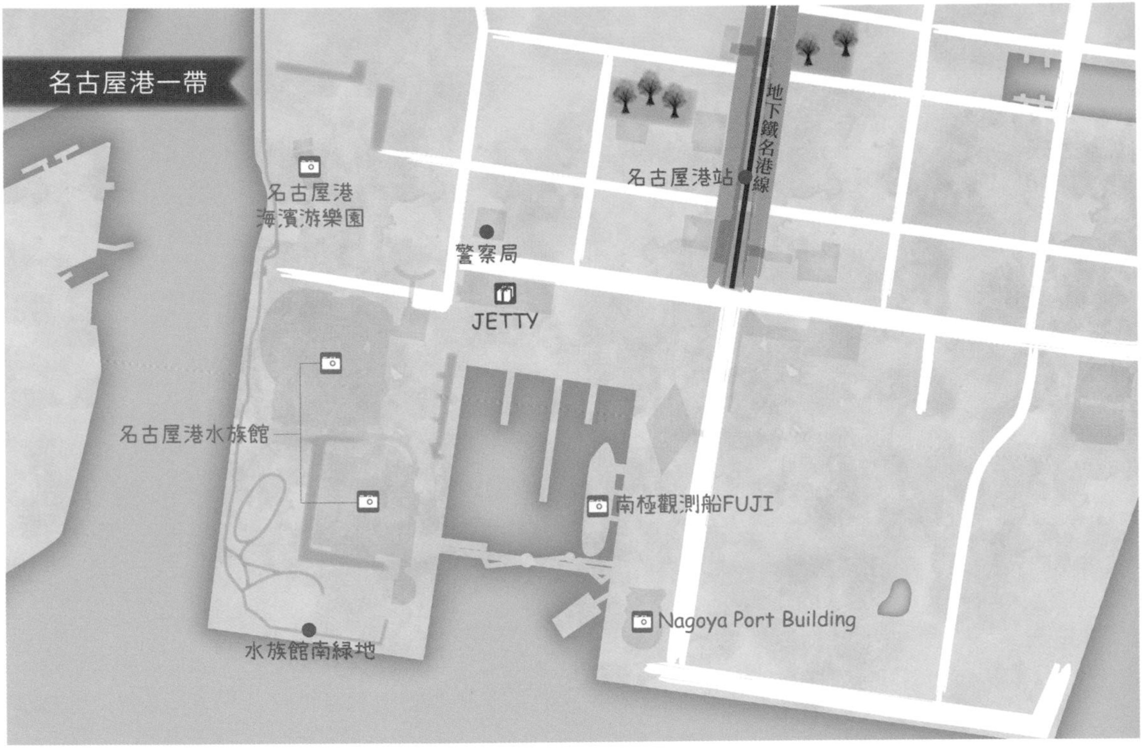
名古屋港一帶
地下鐵名港線
名古屋港站
名古屋港
海濱游樂園
警察局
JETTY
名古屋港水族館
南極觀測船FUJI
Nagoya Port Building
水族館南緑地

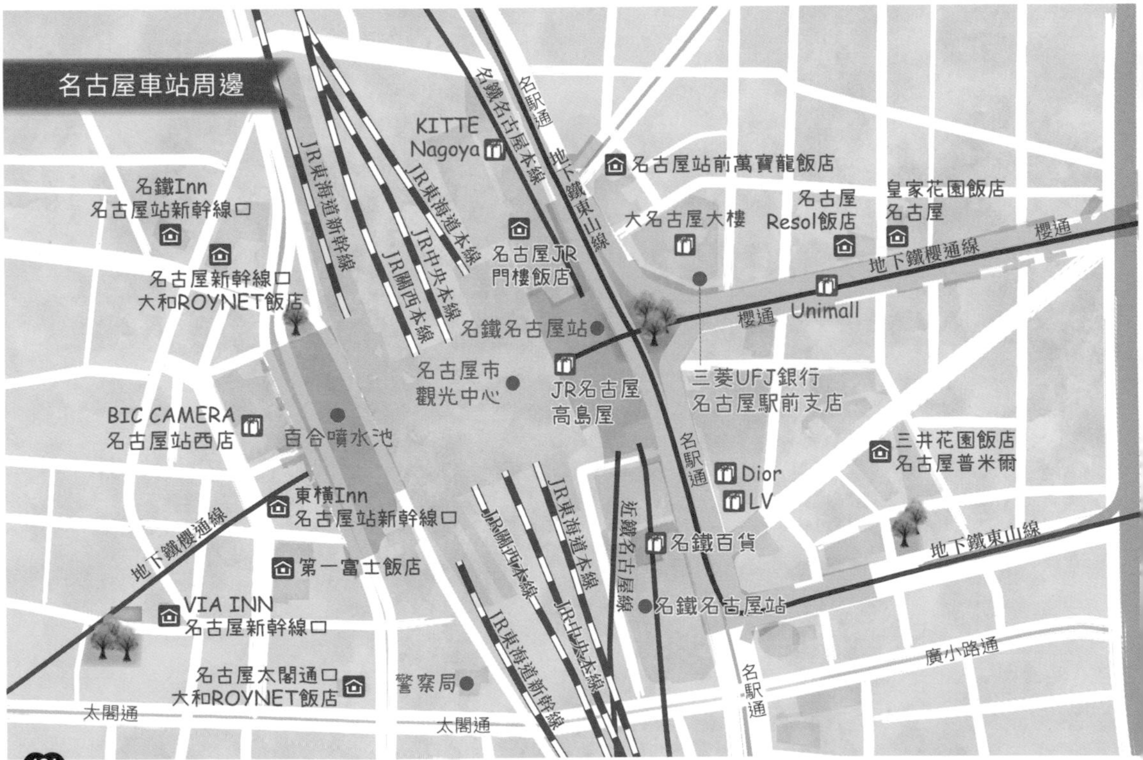
名古屋車站周邊
名鐵名古屋本線
名駅通
KITTE
Nagoya
地下鐵東山線
名古屋站前萬寶龍飯店
JR東海道新幹線
JR東海道本線
JR中央本線
JR關西本線
名鐵Inn
名古屋站新幹線口
名古屋新幹線口
大和ROYNET飯店
名古屋JR
門樓飯店
大名古屋大樓
名古屋
Resol飯店
皇家花園飯店
名古屋
櫻通
地下鐵櫻通線
Unimall
櫻通
名鐵名古屋站
名古屋市
觀光中心
JR名古屋
高島屋
三菱UFJ銀行
名古屋駅前支店
BIC CAMERA
名古屋站西店
百合噴水池
名駅通
Dior
LV
三井花園飯店
名古屋普米爾
東横Inn
名古屋站新幹線口
地下鐵櫻通線
近鐵名古屋線
名鐵百貨
地下鐵東山線
第一富士飯店
VIA INN
名古屋新幹線口
名鐵名古屋站
廣小路通
名古屋太閤通口
大和ROYNET飯店
警察局
名駅通
太閤通
太閤通

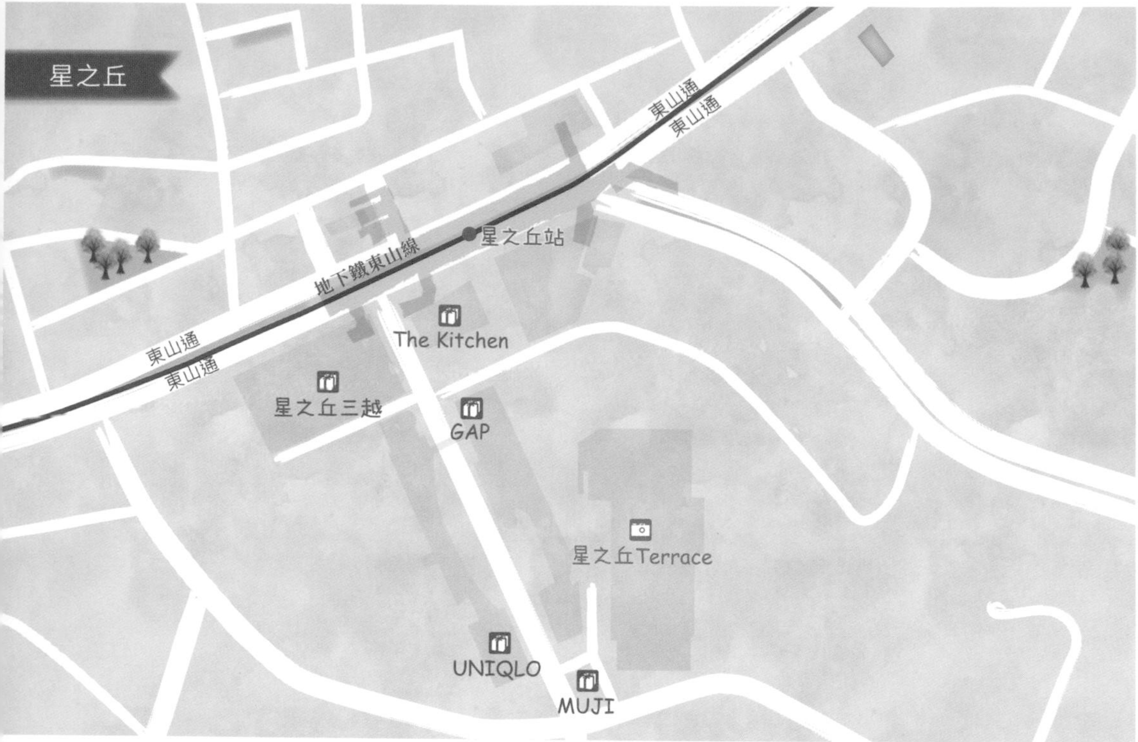
星之丘
東山通
東山通
星之丘站
地下鐵東山線
東山通
東山通
The Kitchen
星之丘三越
GAP
星之丘Terrace
UNIQLO
MUJI

愛・地球博紀念公園
縣道6號線
縣道6號線
陶磁資料館南站
Linimo丘陵線
愛・地球博紀念公園站
香流川
IKEA
地球市民交流中心
愛知縣兒童綜合中心
公園西站
Linimo丘陵線
縣道6號線
愛・地球博記念公園
小月和小梅的家
香流川
香流川

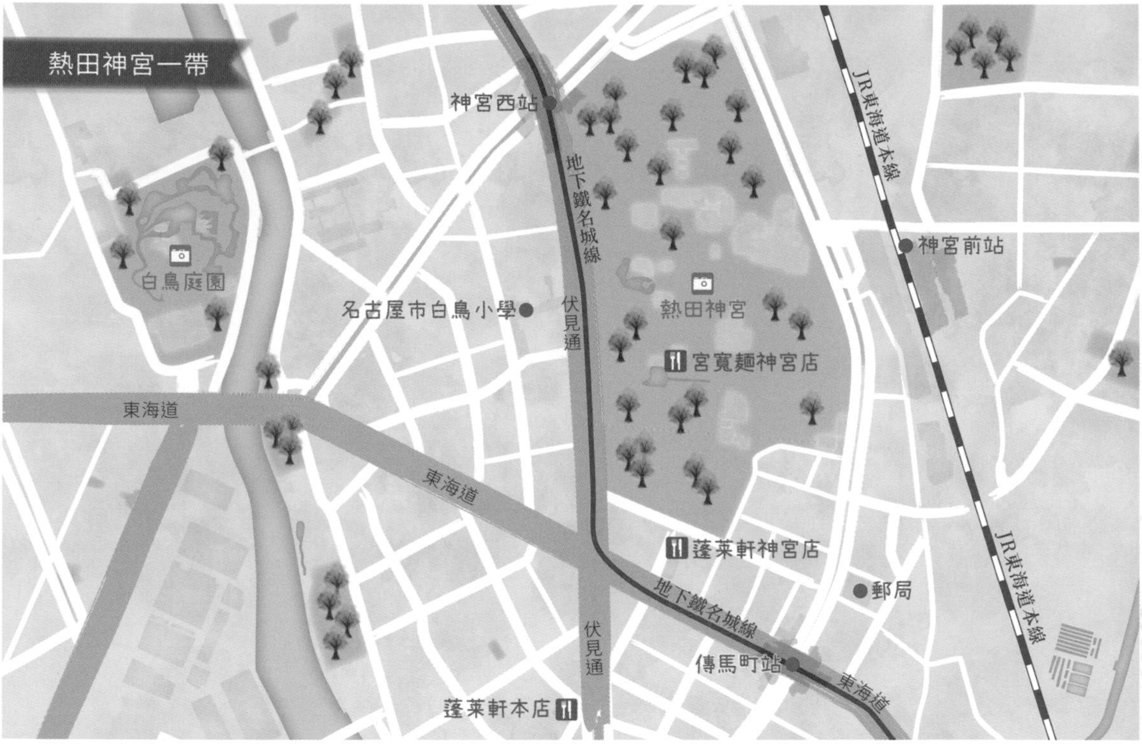
熱田神宮一帶
神宮西站
JR東海道本線
地下鐵名城線
神宮前站
白鳥庭園
熱田神宮
名古屋市白鳥小學
伏見通
宮寬麵神宮店
東海道
東海道
蓬萊軒神宮店
郵局
地下鐵名城線
JR東海道本線
伏見通
傳馬町站
東海道
蓬萊軒本店

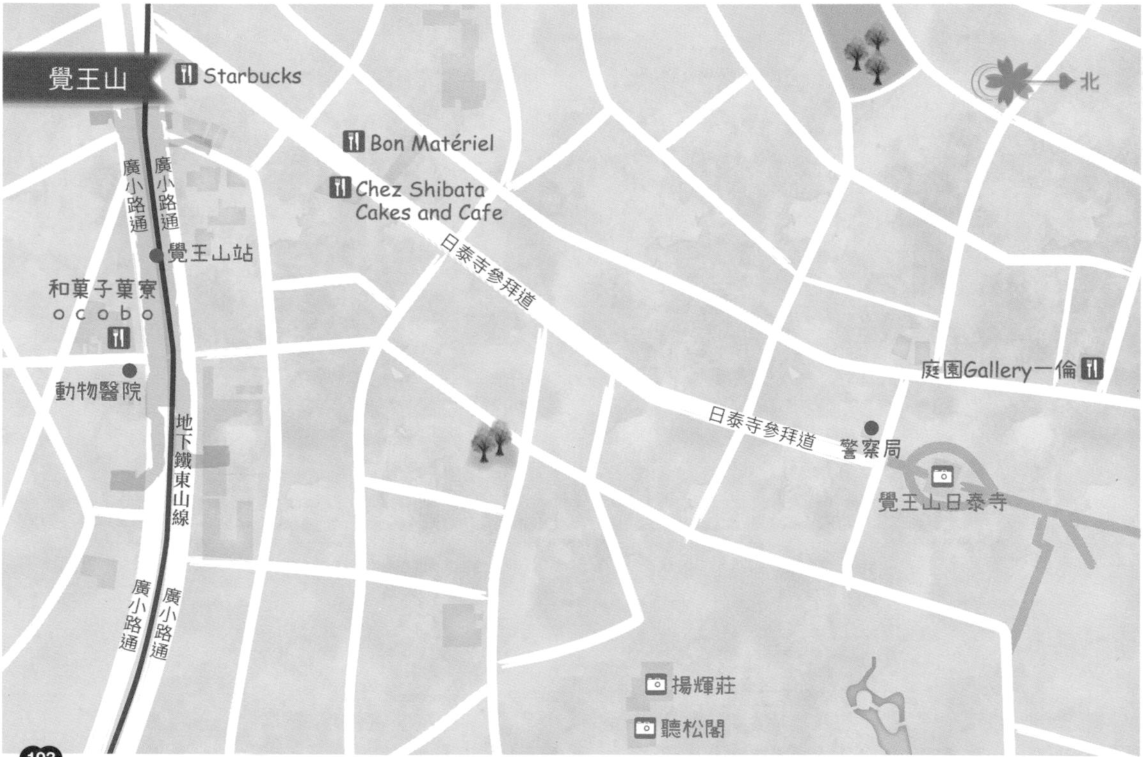
覺王山
Starbucks
北
Bon Matériel
Chez Shibata
Cakes and Cafe
廣小路通
廣小路通
覺王山站
日泰寺參拜道
和菓子菓寮
ocobo
動物醫院
庭園Gallery一倫
日泰寺參拜道
警察局
地下鐵東山線
覺王山日泰寺
廣小路通
廣小路通
揚輝莊
聽松閣

交通資訊
こうつうじょうほう

◆搭乘飛機◆

名古屋是日本中部的熱門進出航點，目前從桃園機場直飛名古屋的班機選擇有許多，包括日本航空、國泰航空、夏威夷航空、中華航空、達美航空、荷蘭航空、台灣虎航及日本捷星，每日有超過 3 個航班以供選擇，飛行時間約 2 小時 55 分鐘。

中部國際機場前往名古屋市區

名古屋鐵道

從中部國際機場到名古屋車站，最便捷的方法是乘搭名古屋鐵道的 μSKY 快速特急列車，行車時間 28 分鐘，單程車費 ¥1,230；普通特急列車需時 35 分鐘，車費 ¥870，指定席另加 ¥360。抵達名鐵名古屋站後，就能換乘地鐵東山線、櫻通線、JR 線、近鐵線前往各地區。

名鐵巴士

每日往來 8 班次的名鐵巴士，可直接由機場到名古屋市市中心，巴士停留 7 處主要地區，車程約 48 分鐘至 1 小時 25 分鐘，單程費用為成人 ¥1,200，兒童 ¥600。另外，也有數班於夜間或凌晨開出的巴士班次。

交通查詢網站

名古屋鐵道：top.meitetsu.co.jp

名鐵巴士：www.meitetsu-bus.co.jp

◆搭乘火車◆

出發	鐵路／所需時間	指定席價格 (¥)
東京 →	東海道新幹線：約 1 小時 40 分鐘	10,360
大阪 →	東海道新幹線 (新大阪站)：約 50 分鐘	5,830
京都 →	東海道新幹線：約 35 分鐘	5,070
高山 →	特急 Wide View 飛驒號：約 2 小時 17 分鐘	5,510
金澤 →	特急白鷺號：約 3 小時	6,810

(資料時有異動，請以官方公布的最新資料為主)

◆名古屋市內交通◆

名古屋有多款方便遊客使用的交通券，初次到訪的遊客不妨購買由名古屋市交通局發行的「巴士・地鐵一日乘車券」，憑券可無限次乘坐名古屋市營巴士和地鐵，部分觀光景點也會獲得折扣。如不需乘搭巴士，或是在非週末環保券發行日，直接購買「名古屋地下鐵全線一日乘車券」會比較划算，上述一日券都不能用於青波線、Linimo 磁浮列車、名古屋鐵道及名鐵巴士。

一日乘車券類別	適用交通工具	指定席價格 (¥)
週末環保券 Donichi Eco Kippu * 只能在週末、公眾假期以及每個月的 8 日使用	名古屋市營巴士、地下鐵全線、名古屋觀光遊覽公車Meguru	成人 600 兒童 300
市營巴士・地鐵一日乘車券 * 不限使用日期	名古屋市營巴士、地下鐵全線、名古屋觀光遊覽公車Meguru	成人 850 兒童 430
名古屋地下鐵全線一日乘車券	名古屋地下鐵全線	成人 740 兒童 370
名古屋鐵道一日乘車券	名古屋鐵道	成人 3,100 兒童 1,550
名古屋觀光遊覽公車 Meguru	遊覽公車Meguru	成人 500 兒童 250

(資料時有異動，請以官方公布的最新資料為主)

豆知識

名古屋人的名詞省略法

名古屋人習慣把冠有「名古屋」的固有名詞省略為「名～」，例如名古屋車站簡稱為「名站」，名古屋鐵路簡稱為「名鐵」，名古屋大學是「名大」，「名城」就是指名古屋城。

熱鬧非凡的名站

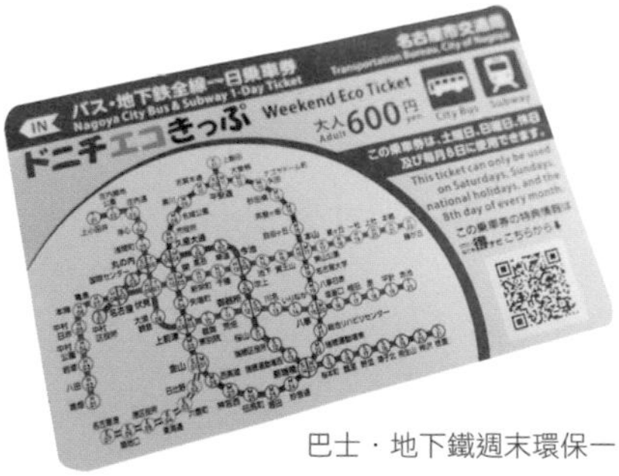

巴士・地下鐵週末環保一日乘車券

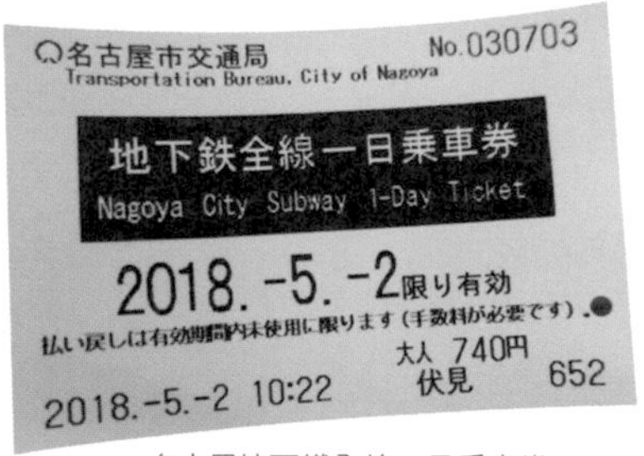

名古屋地下鐵全線一日乘車券

名古屋地下鐵路線圖

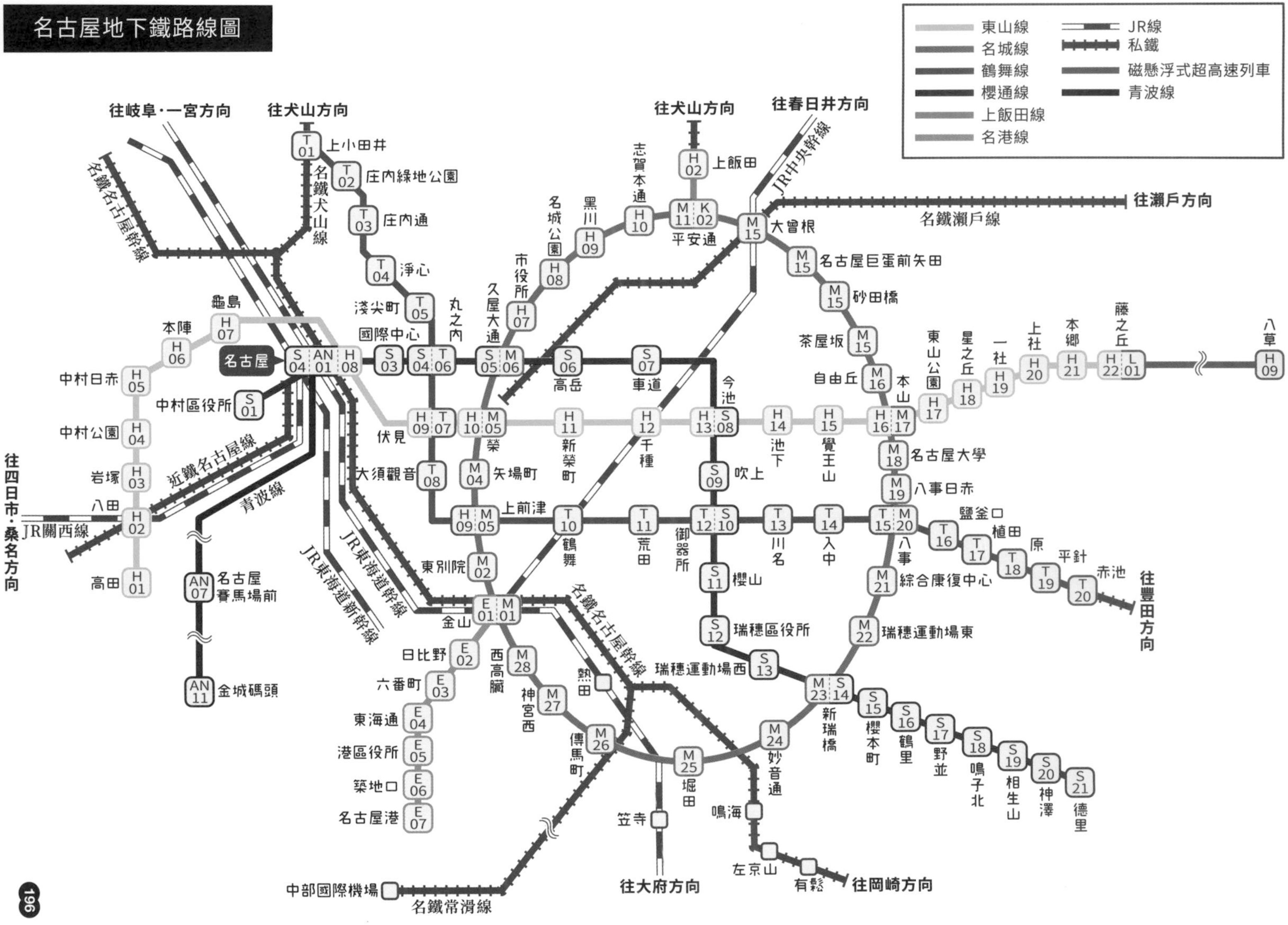
東山線
名城線
鶴舞線
櫻通線
上飯田線
名港線
JR線
私鐵
磁懸浮式超高速列車
青波線
往岐阜・一宮方向
往犬山方向
往犬山方向
往春日井方向
往瀨戶方向
往豐田方向
往岡崎方向
往大府方向
往四日市・桑名方向
名鐵名古屋幹線
名鐵犬山線
JR中央幹線
名鐵瀨戶線
近鐵名古屋線
青波線
JR東海道幹線
JR東海道新幹線
JR關西線
名鐵名古屋幹線
名鐵常滑線
名古屋
上小田井
庄內綠地公園
庄內通
淨心
淺尖町
丸之內
國際中心
龜島
本陣
中村日赤
中村區役所
中村公園
岩塚
八田
高田
伏見
大須觀音
上前津
東別院
金山
久屋大通
市役所
名城公園
黑川
志賀本通
平安通
上飯田
大曾根
名古屋巨蛋前矢田
砂田橋
茶屋坂
自由丘
本山
名古屋大學
八事日赤
八事
綜合康復中心
瑞穗運動場東
新瑞橋
妙音通
堀田
傳馬町
神宮西
西高藏
高岳
車道
今池
吹上
御器所
櫻山
瑞穗區役所
瑞穗運動場西
櫻本町
鶴里
野並
鳴子北
相生山
神澤
德里
榮
矢場町
新榮町
千種
池下
覺王山
東山公園
星之丘
一社
上社
本鄉
藤之丘
八草
鶴舞
荒田
川名
入中
鹽釜口
植田
原
平針
赤池
名古屋賽馬場前
金城碼頭
日比野
六番町
東海通
港區役所
築地口
名古屋港
熱田
笠寺
鳴海
左京山
有鬆
中部國際機場

細說江戶名城

開啟江戶幕府時代的德川家康，下令興建名古屋城，作為統一天下的證明。

名古屋城

1612年完成小天守閣，1615年完成本丸御殿，為了彰顯德川家的威勢，名古屋城天守閣上有雌雄金鯱鎮座，金鯱最初是作為防火符咒用來裝飾大梁，後來才成為權力的象徵。可惜城內大部分建築，都在第二次世界大戰中被空襲毀壞，現在的城堡是戰後1959年以鋼筋水泥重建。

另外，名古屋城天守閣在2018年5月起進行復修，期間禁止入內參觀，直到竣工為止，預計需時4年半。在天守閣閉館期間，除了天守閣外，名古屋城其他區域照常開放。

名古屋市中區本丸1-1　052-231-1700　09:00～16:30，12/29～1/1休館　成人¥500，中學生以下免費　地下鐵名城線「市役所」7號出口步行5分鐘　1～2小時　www.nagoyajo.city.nagoya.jp　MAP P.190

近代復原建築的典範——本丸御殿

曾作為尾張藩主居所及辦公室使用的「本丸御殿」，經過10年的復原工程，終於在近期以完美修復姿態對外開放。御殿使用產自木曾等地的最高級檜木建造，以傳統木造建築技術重現400年前的原貌，被譽為近代城廓建築的最高傑作。

本丸御殿的障壁畫，是由日本畫史上最大的畫派「狩野派」的繪師們所繪畫，這個流派以繪畫主題表達地位高低，以走獸最低，其次是花鳥、人物，而山水則代表最高地位。

御殿裡各個房間的繪畫含義不一，遊覽時不妨仔細欣賞一下，例如御殿玄關處雖然是等級較低的房間，卻也在牆上貼有金箔，並畫上老虎和花豹以震懾來訪者；建築面積最廣、作為正式召見訪客的「表書院」則畫上松樹、櫻花等四季花鳥圖；至於藩主與親屬或家臣進行私人會面的「對面所」，繪有京都和和歌山的山水名勝。

最高等級的「對面所」

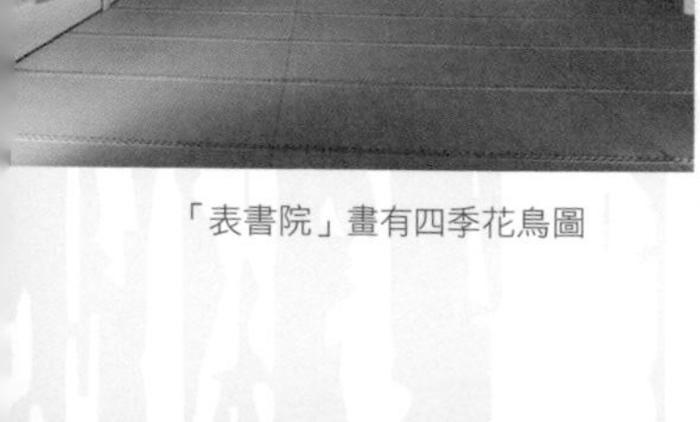

「表書院」畫有四季花鳥圖

玄關處的「竹林豹虎圖」

豆知識

名古屋出身的三傑

不說不知，日本歷史上叱咤風雲的三位人物——織田信長、豐臣秀吉和德川家康都是名古屋地區出身的，然而他們都沒有建都於名古屋，因此連很多日本人也不知道他們的出身地在哪裡，但名古屋人卻一直以此為傲！

現在，遊客來到名古屋城還能偶遇戰國武將裝扮的觀光宣傳隊伍，隊伍由與名古屋淵源深厚的武將和陣笠隊伍組成，遊客可以上前合照，近距離感受戰國武將的魅力！

叱咤風雲的三位人物

名古屋城內的戰國武將

✉名古屋市熱田區神宮1-1-1 ☎052-671-4151 ⏲神宮全年開放；寶物館09:00～16:30(16:10最後入場)，每月最後1個週三、四休館，12/25～1/3休館 $神宮免費；寶物館成人¥300，兒童¥150 ➡名鐵本線「神宮前」下車步行3分鐘；或地下鐵名城線「神宮西」2號出口步行7分鐘 ⌛1小時 http www.atsutajingu.or.jp MAP P.193

可以在授與所買到各種御守

熱田神宮

拜見「熱田大人」

「神宮」是指供奉天皇與皇室祖先的神社。位於名古屋市南部的熱田神宮，是繼伊勢神宮之後，日本第二大受尊崇的神宮，更被暱稱為「熱田大人」。神宮被一片高聳蔥鬱的樹林包圍，占地面積達20萬平方米，一年間光是祭祀、節日活動就多達70項，難怪每年吸引近700萬參拜者。

日本人把神明降臨世間時所棲息或依附的物體稱為「御神體」，最常見的「御神體」是鏡子、寶劍和勾玉。熱田神宮裡供奉象徵皇位「三大神器」之一的草薙神劍，而這把神劍就是日本人的總氏神天照大神的「御神體」，其餘兩大神器分別是伊勢神宮的八咫鏡，和東京皇居的八尺瓊勾玉，然而這些神器不會在世人面前公開，即使是神職人員，也絕少能親眼看到「御神體」的盧山真面目。

祈求幸福的「白鳥御守」¥1,000

熱鬧的賞櫻人潮

鶴舞公園
名古屋賞櫻聖地

鶴舞公園建於1909年，受到當時明治維新思想的影響，公園內既有種滿玫瑰花的歐式庭園，也有洗練素雅的日本庭園，兼具日洋風格特色。

要數最引人注目的當然是園內中1,000株染井吉野櫻，這裡入選為「櫻名所100選」之一，到了春天，一齊綻放的櫻花美景總能吸引滿滿的賞花人潮。櫻花散落後，還會依次舉辦杜鵑花、玫瑰花、菖蒲花等花祭，因此不論什麼時候前來也能欣賞到花團錦簇的景象。

名古屋市昭和區鶴舞1 052-733-8340 全天開放 免費 地下鐵鶴舞線「鶴舞」4號出口 1小時 http www.nga.or.jp(公園 庭園介紹>鶴舞公園) MAP P.190

御園座
傳統歌舞伎劇場

經過4年的翻新工程，名古屋知名的歌舞伎劇場「御園座」現已竣工，由本來的約350席大規模擴展至1302席。

傳承了400餘年的日本傳統文化，「歌舞伎」被聯合國教科文組織認列為無形文化遺產，然而在一般人心中還是覺得這是一種門檻很高的表演藝術。其實歌舞伎的劇目多以平民的日常生活與歷史事件為題材，近代的歌舞伎更與時並進，有些劇場甚至改編自動畫作品。

除了欣賞表演，這裡還設有餐飲區「御園小町」可以休憩購物。

黑色格紋加上鮮紅色的組合非常注目

名古屋市中區榮1-6-14 052-222-8222 10:00～18:00 視不同演出劇目而不同，一般¥6,000～¥24,000不等 地下鐵東山線或鶴舞線「伏見」6號出口步行2分鐘 1～2小時 www.misonoza.co.jp MAP P.190

名古屋市科學館
世界最大的星象儀

位於白川公園內的名古屋市科學館由天文館、理工館和生命館組成，共有約220種展品。當中以直徑35米、世界最大的星象儀觀測室「Brother Earth」最受矚目，以驚人的尺寸投射出擬真度十足的天體影像，坐在座位上猶如置身浩瀚無垠的宇宙！

科學館為參觀者提供具教育意義和娛樂性並重的展示裝置，例如在零下30度的低溫中觀察極光現象，和體驗高達9公尺的人造龍捲風等，來充分感受大自然的威力吧！

圓形巨蛋是名古屋市科學館的標記

名古屋市中區榮2-17-1 052-201-4486 09:30～17:00(入館至16:30為止)，週一休館(逢假日改為假日後的工作日)、第3個週五(逢假日改為第4個週五)，12/29～1/3休館 展覽室與天象儀：成人¥800，高中及大學生¥500，僅參觀展示：成人¥400， 高中及大學生¥200，中學生以下免費 地下鐵東山線或鶴舞線「伏見」站4或5號出口步行5分鐘 1～2小時 www.ncsm.city.nagoya.jp MAP P.190

名古屋電視塔

戀人之聖地！360度浪漫夜景

名古屋テレビ塔

名古屋電視塔是日本最早電波發射的鐵塔，其歷史比起東京鐵塔和北海道電視塔都還長。高180米的電視塔內有商店和展望台等設施。每天日落前半小時至凌晨2點都會點燈，整點和半點時還會有特別光影效果。絢爛燈光點綴下的名古屋電視塔非常浪漫，難怪被選定為「戀人之聖地」。

璀璨奪目的夜景

名古屋市中區錦3-6-15先　052-971-8546　1～3月10:00～21:00，4～12月10:00～22:00，全年無休　展望台門票成人¥700，高中生、大學生及65歲以上¥600，中、小學生¥300　地下鐵東山線或名城線「榮」3或4號出口步行3分鐘　1～2小時　www.nagoya-tv-tower.co.jp　MAP P.190

名古屋港水族館

親子自助遊景點推薦

名古屋水族館分為南、北兩座建築，南館以「南極之旅」為主題，重現了南極觀測船從日本到南極沿途經過的5個水域的自然環境，讓參觀者了解各水域特有的海洋生物，遊覽其中猶如參與了一趟縱貫海洋的旅行；北館展示鯨類的進化史，飼養了虎鯨和海豚等人氣海洋生物，更設有可容納3,000人、世界最大的戶外水槽，定時上映精采水上表演。

近距離了解海洋生態

水族館中的紀念品店

名古屋市港區港町1-3　052-654-7080　平日09:30～17:30，12/1～3/20 9:30～17:00，黃金週及夏季連假期間9:30～20:00，閉館前1小時禁止入館；1/15～19及逢週一休館(如遇國定假日改翌日休)　成人¥2,000，中小學生¥1,000，兒童¥500　地下鐵名港線「名古屋港」終點站，3號出口步行5分鐘　1～2小時　www.nagoyaaqua.jp　MAP P.191

室內禁止拍照，但參觀者可以在室外拍攝

愛・地球博記念公園

朝聖宮崎駿電影《龍貓》裡的草壁家

愛知縣與吉卜力工作室達成協議，選址「愛・地球博記念公園」興建「吉卜力公園」。離2022年吉卜力主題遊樂園開幕還有一段時間，在這之前，各位宮崎駿迷不妨先來朝聖一下動畫《龍貓》裡，小月和小梅住過的草壁家吧。

這座昭和30年代的房屋，原為2005年日本國際博覽會展覽期間，所建造的一個展覽會場，但因為人氣一直居高不下，展期完結後並

🖂愛知縣長久手市茨回間乙1533-1 ☎056-164-1130 ◷愛・地球博記念公園：4～10月08:00～19:00、11～3月08:00～18:30；草壁家：平日10:00～16:30、週末及假期09:30～16:30；兩者皆逢週一公休(如遇國定假日改翌日休)、12/29～1/1休館 $愛・地球博記念公園入園免費；參觀草壁家：成人¥510，4歲以上、中學生以下¥250 ➡從名古屋站乘坐地鐵東山線，在「藤之丘」換乘Linimo磁浮列車，在「愛・地球博紀念公園」下車。前往草壁家可乘搭園內穿梭巴士，平日每小時逢50分開出，週末及假期逢20、50分開出，或徒步前往，需時大概15分鐘 ⧗1～2小時 http www.aichi-koen.com/moricoro (設施介紹>小月和小梅的家) MAP P.192

完整還原的草壁家

考古學老師爸爸的書房

草壁家可以滿足宮崎駿迷想走入電影場景的期待

未拆除，反而完整保留下來。

採用昭和初期的建築手法，房屋從裡到外都忠於電影，還原度非常高，像是爸爸的書房擺設、腐爛了的梁柱腳、屋底下的橡樹果等等細節皆如實呈現，置身其中如走進電影場景，而且屋裡面的生活用品，還會依季節不同而定時更換。

順帶一提，參觀草壁家必須預約，平日1天8場、每場最多50人，週末、假日和暑假1天14場，想要抓準時間的人可事先於LAWSON的購票系統Loppi購票，行程較自由的人也可以當日現場購票。

準時進場，不要錯過參觀的場次喔！

名古屋必吃特色美食

◆味噌炸豬排◆

味噌炸豬排是名古屋獨有的地方料理，在剛炸好的厚豬排淋上赤味噌做的醬汁。名古屋有很多專營味噌炸豬排的餐廳，每一家也有獨有的作法和密傳味噌醬，扎實濃厚的味道，讓味噌炸豬排成為遊客最愛的名古屋美食之一！

◆味噌烏龍麵◆

用瓷器土鍋裝載，湯底使用赤味噌，放進各種蔬菜，加上雞蛋，搭配又粗又硬的手撖麵，就是道地的味噌烏龍麵。首次品嘗的人可能會以為還沒有煮熟！蓋著蓋子燜煮5～10分鐘後再食用會比較Q軟，使用鍋蓋代替小盤子才是行家的吃法唷。

◆咖哩烏龍麵◆

名古屋流的咖哩烏龍麵是在咖哩湯汁裡，加入麵粉和香辛料使得湯汁濃厚，配料多為油炸豆腐、蔥、魚糕、肉類、炸蝦等，香辣且熱乎乎的湯汁和Q軟的烏龍麵條非常搭配，口感獨特。

◆油炸雞翅（手羽先）◆

油炸雞翅在名古屋稱為「手羽先」，是一道將雞翅經過低溫和高溫兩次油炸的超人氣下酒小菜，主要分為鹽酥和醬汁兩大風味，鹽酥口味是在酥脆的雞翅上撒上胡椒粉、芝麻、鹽和香辣佐料，醬汁口味則在炸雞翅外層淋上特調醬汁，兩種風味各有千秋！

◆基子麵◆

基子麵看上去像烏龍麵，只是烏龍麵的麵條形狀偏向方形，而基子麵偏向扁平狀，據說這樣的形狀使其接觸湯汁的面積更大。將汆燙過的麵條淋上熱湯，與魚板、豆腐皮、青菜等配料一起享用就是最原汁原味的基子麵。另外還有咖哩和味噌等不同湯底以供選擇，夏天也能吃到竹簍基子麵、冷基子麵等多種涼快的基子麵料理。

◆炸蝦飯團◆

將炸蝦天婦羅握在米飯內，以海苔包裹，作成一口大小的飯團，雖然外觀看起來非常簡單，但美味程度不容忽視，即使冷了味道也很好，這就是炸蝦飯團的魅力！以大須為主要據點，「めいぶつ天むす千壽」是炸蝦飯團當中的佼佼者，一盒6顆(¥620)的分量剛剛好。

蓬萊軒

一碗鰻魚飯，三種不同風味！

說到名古屋必吃的特色食物，當然不能不提鰻魚飯！日本的鰻魚飯分為關東和關西兩種作法，關東的特色是先蒸再烤，鰻魚的口感較軟嫩；關西作法則是全程火烤，味道酥脆帶焦香。名古屋的「鰻魚飯三吃」採用——關西作法，在燒烤之前不經蒸煮，因此可以品嘗到油脂濃縮的魚香。

名古屋有不少「鰻魚飯三吃」店，但說到有壓倒性人氣的絕對是「蓬萊軒」，位於熱田區的本店創立於1873年，及後為了方便遊客也在其他名古屋地區設立分店。由於太受歡迎，因此每到用餐時間動輒要排隊超過45分鐘才能吃到，但只能說那是一種值得等待的絕頂美味！

蓬萊軒本店門口常常大排長龍

蓬萊軒經典鰻魚飯三吃 ¥3,600

✉愛知縣名古屋市熱田區神戶町503(蓬萊軒本店) ☎052-671-8686
11:30～14:00，16:30～20:30，逢週三及每月第2、第4個週四休息
➡地下鐵名城線「傳馬町站」4號出口步行8分鐘 http www.houraiken.com MAP P.193

道地體驗

鰻魚飯三吃 Step by step

「鰻魚飯三吃」食法講究，每個步驟都有學問，享用美味的鰻魚料理之前先來了解一下吧！

Step 1 先在桶子裡劃出十字，把鰻魚飯分成4份。第1碗直接吃原味的鰻魚飯，品嘗它酥脆而濃郁的香味。

Step 2 第2碗加入蔥花、山葵、海苔絲等配料一起品嘗，微嗆的山葵與鰻魚的油脂簡直絕配！

Step 3 第3碗做成茶泡飯，在加了配料的鰻魚飯淋上湯汁。最後剩下的1份就選自己最喜歡的風味來作結。

Komeda Coffee

超划算的名古屋式早餐

コメダ珈琲

名古屋有很多咖啡店會提供具「當地特色」的早餐套餐，即是只要在早餐時段內點一杯飲品，就會免費附送奶油吐司、煮雞蛋和沙拉，這麼划算的事情連名古屋以外的日本人也相當驚訝！當然附送的組合會根據各店有所不同，但只需一杯咖啡的價錢就能享用豪華豐富的早餐是真的。

Komeda Coffee 是名古屋咖啡廳的巨頭，1968 年創業至今已經有超過 760 間分店，光是在名古屋市就有超過 140 家分店，因此不論走到哪裡必定有其蹤影，完全不需要刻意去找，在大馬路或是地下街隨處都能見到他們醒目的招牌。

Komeda Coffee 把這種獨特的名古屋式早餐文化擴展到全日本和海外地區，雖然台北也有分店，不過既然來到它的發源地，還是進去享受一頓最地道的名古屋式早餐吧！

咖啡歐蕾 ¥400

招牌甜點冰與火

2 人分量的奶油吐司，附小倉紅豆餡與蛋沙拉抹醬

Komeda Coffee

義直區雲集各大名古屋的知名餐廳

金鯱橫丁

金シャチ横丁

名古屋的話題美食街

名古屋城旁邊的大型飲食設施「金鯱橫丁」嶄新登場！

金鯱是名古屋的象徵標誌，自古以來被當成房屋的守護神，在名古屋城天守閣的頂端就有兩隻威風凜凜的「金鯱」，這也是其名稱由來。

「金鯱橫丁」分為兩部分，分別是位於名古屋城正門、走傳統木造日式風格的「義直區」和，以華麗現代風為主題的東門「宗春區」，兩個區域相距大概10分鐘，並各自設置多家知名飲食店和土產店，前來感受尾張名古屋的魅力吧。

✉愛知縣名古屋市中區三之丸1(義直區)、二之丸1(宗春區) ☎052-973-9011 ⏰10:30～名古屋城閉門30分鐘後，12/29～1/1休息 ➡義直區：地下鐵名城線「市役所」站7號出口，步行10分鐘，或地下鐵鶴舞線「淺間町」1號出口步行10分鐘；宗春區：地下鐵名城線「市役所」站7號出口即到 http kinshachi-y.jp MAP P.190

義直區

正門的「義直區」是以首代名古屋城主「德川義直」來命名，木造的和風建築重現江戶時代的商店街特色，除了品嘗美食，還可以在此購買金鯱橫丁的禮品及名古屋的伴手禮。

宗春區

東門區則是以第七代城主「德川宗春」來命名的「宗春區」，德川宗春以開明作風見稱，這邊走現代洋風路線，聚集多家和洋料理、拉麵、甜品等人氣料理店。

金鯱橫丁小盒果子
各 ¥432

金鯱開運裝飾 ¥300

忍者冰淇淋 ¥500

宗春區的餐廳都設有開放的露天座位

義質區的露天燒烤放題專區

匯集多家洋式料理店的宗春區

名古屋限定的可樂 2 瓶 ¥270

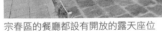

本山

悠閒安靜的大學區

本山位於名古屋的東部，附近有名古屋大學和愛知學院大學等學術機構，而周邊則是安靜的住宅區，加上很多時尚雜貨小店和獨立咖啡店隱藏在大街小巷裡面，不妨來這個充滿青春活力和文化氣息的小區走走。

The Black bird Coffee Roastery

本山內

The Black bird Coffee Roastery

咖啡職人的堅持

愛知縣千種區末盛通3-18 052-753-7706 11:00～19:00，逢週三、每月第2和第3個週二休息 地下鐵東山線「本山」2號出口，往城山公園方向步行4分鐘 www.blackbird-coffee.net MAP P.190

店長用心沖泡每杯咖啡

熱咖啡 ¥500， 冰咖啡 ¥550

由本山站步行幾分鐘就會看到這家淺灰黑色外牆的店鋪，牆上有一黑一白兩隻鳥兒的標記，牠們中間有一杯飄香的咖啡。推門進去，店裡放置了一台大型的專業烘豆機，除了販賣自家烘培的咖啡豆、咖啡沖泡用具之外，還設有一個小小的餐飲區。

店長仲野先生本著咖啡職人的堅持，致力為咖啡迷提供高品質的咖啡，前來店裡的大多是長期光顧的老顧客，幾乎不用說話，店長已經知道對方的喜好。此外，店鋪也作為供應商，提供自家烘培的咖啡豆給其他飲食店。

街角小店 Lilac

不含麩質的蛋糕也可以很精緻美味

愛知縣千種區東山通1-15-2(FERIO MOTOYAMA 1F) 052-887-7818 10:00～19:00 地下鐵東山線「本山」2號出口，步行2分鐘 lilacs.jp P.190

本山內

Lilac

Gluten-free 甜品

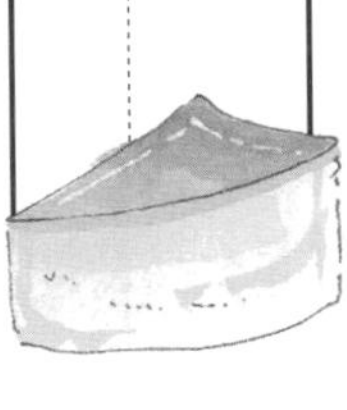

Gluten 是指小麥、大麥和黑麥內的蛋白質，而 Gluten-free 即是不含麩質的食品，本來這類食品是為麩質不耐症或麩質過敏症人士而設，但近年也成為了追求健康人士的新風尚而備受矚目。

製作無麩質甜點的過程極具挑戰性，麩質能使烘焙製品保持鬆軟，可以說是製作麵包餅食的基礎。Lilac 堅持不使用小麥粉等，取而代之的是米粉、高粱粉、木薯粉和葛粉，嚴格選材製作的各款甜品新鮮味美，打破大眾對無麩質食品的刻板印象！

草莓奶油司康與無花果蛋糕

本山內

KANNON BAKE

清新文青風咖啡小店

這間位於名古屋本山站附近的KANNON BAKE只有7個座位，名副其實的咖啡小店。店鋪走典型文青喜愛的小清新風格，面積雖小，但憑著專業的咖啡沖泡技巧和超高水準的甜品，讓KANNON BAKE不單在網路上擁有超高人氣，店門口也常常排滿等候入內的人龍。

愛知縣千種區末盛通5-18(日出本山2F) 052-753-3703 11:00～19:00，週一公休 地下鐵東山線「本山」4號出口，步行3分鐘 http kannonbake.com MAP P.190

日本的餐飲店一般是在門口的登記表上填寫名字，然後等待店員呼喚就能進去，然而 KANNON BAKE 的作法是先進店跟店員登記，再回到門口耐心等待。

初次光顧的客人可能會不習慣，但當你終於可以坐在店內，一邊品嘗那些美味誘人的甜點和咖啡，一邊陶醉在清新簡潔的氛圍，就會發現像這樣悠閒寫意的咖啡時光是值得等待的。

KANNON BAKE 是許多年輕女生喜愛造訪的小店

各款口味的蛋糕各 ¥220

只有 7 個座位的咖啡店小巧溫馨

滿載生活感的老街

覺王山

懷舊又別致的老區

覺王山是一個散發著濃厚風格的老區，以地標「覺王山日泰寺」參拜道為中心，街道兩旁林立著很多懷舊又別致的雜貨店和咖啡廳，遊走其中體會名古屋平實舒適的一面。每個月的21日是「緣日」（えんにち），街道兩旁會有攤位，非常熱鬧！

慢遊散策

一座不屬於任何宗派的寺廟「覺王山 日泰寺」

「覺王山」的「覺王」源自釋迦的別名，由此可見這個地區與佛有著不可分割的緣分。為了供奉泰國（當年的暹羅）於 1900 年贈送的釋迦舍利和佛像，1904 年，日本於此地修建了一座面積超過 33 萬平方米的寺廟，命名為「日泰寺」。日泰寺的特別之處是不屬於任何宗派，各宗派的主教每隔 3 年輪流掌管寺廟。

日泰寺腹地廣大，供奉了釋迦舍利及佛像

一片蔥鬱翠綠的庭園

✉愛知縣名古屋市千種區西山元町1-58 ☎052-751-1953 ⏲10:00～17:00，週一～三及國定假日公休 ➡地下鐵東山線「覺王山」1號出口往日泰寺方向步行10分鐘 MAP P.193

庭園 Gallery 的招牌竹簍午餐很受歡迎，一份 ¥1,500

覺王山内

庭園 Gallery 一倫

吃一頓被日式庭園美景環繞的美味

庭園ギャラリー いち倫

隱身在日泰寺側的民居裡面，進入這家店之前還要經過一條綠蔭小路，不禁讓人有一種尋找隱世食店的感覺。店裡面分為和室榻榻米房間和有設有洋式桌椅的房間，而最受歡迎的一定是面對著庭園的那一排座位，一邊看著翠綠寧靜的日式庭園，一邊品嘗店家引以為傲的料理，滋味倍增。

數量限定的竹簍午餐是「庭園 Gallery 一倫」的招牌料理，採購自三重縣松阪市周邊農家的時令野菜烹調的家庭料理，充滿了樸實的鄉土特色，菜色包括前菜、湯品、煮物、烤物、漬物、醬菜、甜點等，當中最特別的是炸蝦卷壽司，包裹紫蘇葉的作法讓整個壽司的鮮度提升；此外，加入松阪牛肉的煮物和清爽脆口涼拌菜色也相當美味。

溫馨提示，「庭園 Gallery 一倫」平均一星期營業不到4天，想要前往的人需要特別安排一下行程。

覺王山內

Bon Matériel

ボン マテリアル

超美味新鮮水果三明治

Bon Matériel是一家位於覺王山參道上的水果鮮奶油三明治專門店，薄荷綠的店門小巧可愛，小小的店裡面只有3個位置。

就如它的法語店名Bon Matériel(好的材料)一樣，這家店使用的都是時令水果和北海道產的奶油，為了凸顯水果的甜味，他們特地降低了奶油的甜度，軟綿的牛奶吐司夾著清爽的鮮奶油抹醬和各樣水果，新鮮又美味。

小巧可愛的薄荷綠的店門

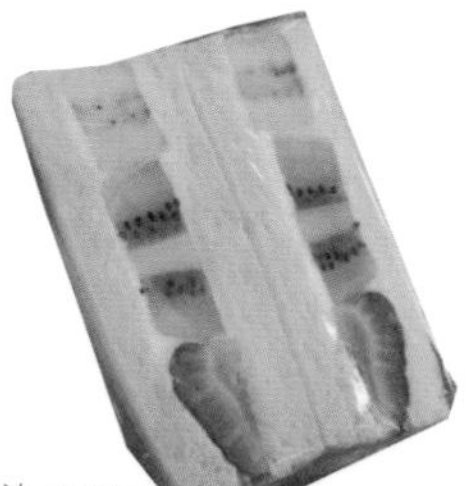

綜合水果三明治 ¥550

✉愛知縣名古屋市千種區山門町2-39-2 ☎052-751-3133 ⏰11:00～17:00，週一及二公休 ➡地下鐵東山線「覺王山」1號出口步行2分鐘 http www.facebook.com/bonmateriel MAP P.193

覺王山內

Chez Shibata Cakes and Cafe

法式甜點排隊名店

Chez Shibata的主理人柴田武，是當今日本甜品界一個閃亮的名字，他專攻法式甜點，曾在巴黎深造學藝，1995年學成歸來，陸續在日本各地開設多家自我風格濃厚的法式甜點店，採購自世界各地的高品質材料，製作成日本人喜歡的法式甜點口味。

位於覺王山的分店有名古屋限定的蛋糕款式，甜點櫃裡面精緻華麗的甜點款式也讓人眼花撩亂，當中不能錯過的是「D'ELICE AU MATCHA」，這款使用了西尾抹茶、巧克力和柑橘等製作而成的多層次甜點讓人一吃難忘！不妨坐下來品嘗這裡的甜點，順帶一提，店內用餐必須加配一杯飲料。

D'ELICE AU MATCHA ¥550

✉愛知縣名古屋市千種區山門町2-54 ☎052-762-0007 ⏰10:00～20:00，週二公休 ➡地下鐵東山線「覺王山」1號出口步行2分鐘 http chez-shibata.com MAP P.193

買い物 名古屋購物

名古屋站
等車再也不無聊！好買好逛的車站購物區

名古屋車站不單是一個車站，這裡聚集各大百貨商場、高聳的辦公大樓、國際飯店品牌等商業設施，加上也是名鐵、近鐵、地下鐵的主要車站，四通八達的絕佳地理位置讓這裡成為名古屋市其中一個最具代表性的商業與購物區。

此外，車站更擁有全世界最高的車站大廈，其白色雙塔是名古屋車站的特色景觀，購物以外，遊客亦可前往 15 樓的 Sky Street 觀景走廊，眺望一覽無遺的名古屋市區美景。

四通八達的名古屋車站

名古屋站周邊

JR名古屋高島屋
名古屋站內的高檔百貨店

ジェイアール名古屋タカシマヤ

JR 名古屋高島屋

位於地下 1 樓的和式甜點店「萌 chez」

高島屋是日本赫赫有名的高級百貨，這間JR名古屋高島屋百貨與JR站連接，包括地下2層和地上11層的購物空間，匯集全球知名的化妝品牌、時尚服飾、生活用品、食品等商品；此外，與高島屋百貨相連的「高島屋 Gate Tower Mall」於 2017 年開幕，主打年輕市場，樓底高挑明亮，好買又好逛！

✉名古屋市中村區名駅1-1-4 ☎052-566-1101 ⏰JR名古屋高島屋：10:00～20:00；高島屋Gate Tower Mall：10:00～21:00 ➡JR名古屋站即到，或地下鐵東山線或櫻通線「名古屋」9號出口 http www.jr-takashimaya.co.jp MAP P.191

今治毛巾專賣店「伊織」

商場內的裝置藝術作品 Gold Fish

諾大寬廣的 KITTE Nagoya 逛起來很舒服

名古屋老牌和菓子店「青柳總本家」

KITTE 名古屋

名古屋站周邊

KITTE Nagoya

改建自郵局舊址的多元化消閒熱點

KITTE是日本漢字「切手」，意思是「郵票」。繼東京及福岡後，最新一家由郵局舊址改建而成KITTE已落戶名古屋，有別於附近的高檔百貨公司，KITTE以青春流行店鋪為主，深受年輕人喜愛。值得一提是商場內放置不少精采藝術作品，最受矚目的要數由祐成政德創作、以名古屋城的「金鯱」為設計概念的大型裝置藝術——Gold Fish。

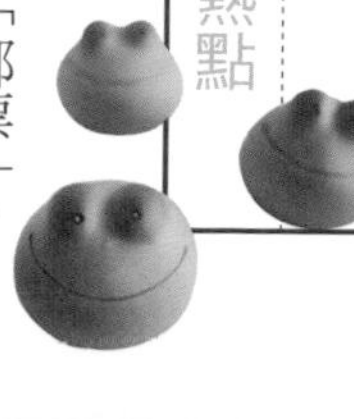

名古屋市中村區名駅1-1-1 052-589-8511 商店10:00～20:00；餐飲店11:00～20:00，1/1公休 JR名古屋站徒步1分鐘 jptower-kittenagoya.jp MAP P.191

名古屋站周邊

名鐵百貨

來探望一下NANA醬

名鉄百貨

NANA 醬的衣著打扮會定時更換

名鐵百貨店

位於名鐵名古屋站之上，名鐵百貨於 1954 年開業，「本館」販賣高級女性時尚服飾、童裝、化妝品等商品，旁邊的「紳士館」則是日本中部地區唯一專營男士用品的百貨，「紳士館」1樓前的大型人偶「NANA 醬」，是名古屋非常著名的會合地點。

✉愛知縣名古屋市中村區名駅1-2-1 ☎052-585-1111 ⏲商店10:00～20:00，9F餐廳11:00～23:00，1/1公休 ➡地下鐵東山線或櫻通線「名古屋」南改札口穿過地下街 http www.e-meitetsu.com MAP P.191

名古屋站周邊

Unimall

以OL為主要目標群的時尚地下街

ユニモール

Unimall 於 1970 年開業，是一條連接名古屋站與國際中心站的地下街，以 OL 為主要目標群，匯集了約 90 家女性時尚服飾店、休閒娛樂及餐飲店等，深受女性喜愛的商店。有別於一般的地下街，Unimall 的時尚氛圍媲美百貨公司，而且占地廣，非常好逛。

Unimall 以 OL 為主要客群

✉名古屋市中村區4-5-26 ☎052-586-2511 ⏲商店10:00～20:30，餐飲店07:30～22:00，1/1公休 ➡地下鐵東山線或櫻通線「名古屋」中改札口直接連接 http www.unimall.co.jp MAP P.191

名古屋主要商圈榮 & 矢場町

榮&矢場町

整個區域都是血拼場所

在以前，名古屋人會說「購物的話就到4M吧！」—4M是指4間名古屋的主要百貨公司，包括松坂屋(Matsuzakaya)，三越(Mitsukoshi)，丸榮(MARUEI)和名鐵百貨(Meitetsu)，但隨著丸榮於2018年6月底結束營業，名古屋人的購物熱點從此以後就缺少一個M了。

榮和矢場町是一個密度非常高的購物區域，這裡也是名古屋市的主要商圈之一。區內有多個大型購物商場，各個商場更被長長的地下街串聯起來，讓人一不小心就會迷失在這片無邊界的血拼場所當中！除了購物，附近也有久屋大通公園，以及名古屋電視塔等知名景點。

榮&矢場町內

三越名古屋榮店

高檔奢侈品雲集

名古屋三越栄店

2017重新開業，三越名古屋榮店雲集各奢侈品品牌的專門店，定位高檔成熟路線，要選購高級名牌衣飾、名錶、珠寶，或是女士喜愛的專櫃化妝品牌等產品，都能在此找到。此外，也有販賣地道日本土特產、雜貨和多間世界知名的西式甜品店。

三越名古屋中有許多高級服飾品牌

三越名古屋榮店

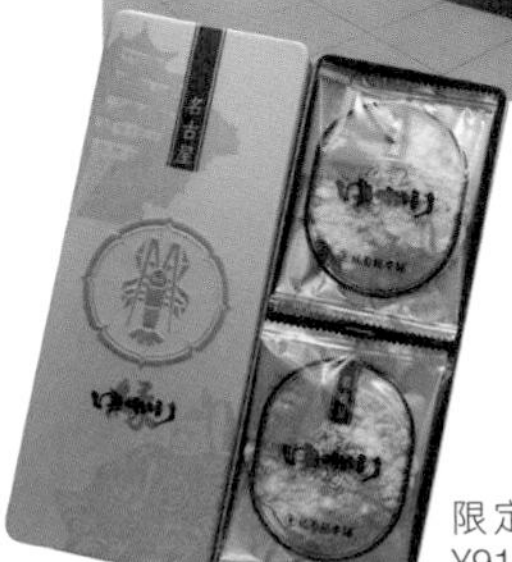

限定的黃金蝦餅 ¥918／10個

✉名古屋市中區榮3-5-1 ☎052-252-1111 ⏲10:00～19:30，1/1、2休館，不定休 ➡連接地下鐵東山線或名城線「榮」地下街 http nagoya.mitsukoshi.co.jp MAP P.190

榮&矢場町內

松坂屋名古屋店

占地面積廣、可以逛一天的百貨公司

位於名古屋市榮區的松坂屋總店，是中部地區規模最大的百貨公司，由本館、南館和北館組成，3館共占地86,758平方米！對名古屋的高齡層來說，松坂屋有著至高無上的地位。最特別的是百貨店裡竟有一個由3,231根音管組成的大型管風琴，會定時演奏！

茶泡飯專門店「花一會」

可以逛一天的松坂屋

櫻之花 ¥918

✉名古屋市中區榮3-16-1 ☎052-251-1111 ⏲10:00～20:00，各店鋪營業時間或不同，1/1公休 ➡地下鐵名城線「矢場町」地下通道5或6號出口直接連結 http www.matsuzakaya.co.jp/nagoya MAP P.190

榮&矢場町內

Oasis 21

鬧市中的綠洲

オアシス21

Oasis 21（オアシス21）那彷彿漂浮在空中的玻璃大屋頂「水之宇宙船」，是榮區的標誌建築，流水在玻璃屋頂上蕩漾，屋頂外圈是開放的空間，可以自由參觀，如置身都市綠洲。位於四通八達的榮站旁，綠洲21其實是一個公共汽車總站，內裡也有遊客中心和商店、餐廳等。

「水之宇宙船」的屋頂可以自由參觀

遙望名古屋電視塔

✉名古屋市東區東櫻1-11-1 ☎052-962-1011 ⏲商店10:00～21:00，餐飲店10:00～22:00，各店鋪不同 ➡地下鐵東山線或名城線「榮」4號出口 http www.sakaepark.co.jp MAP P.190

榮&矢場町內

LACHIC

悠閒時尚購物體驗

ラシック

如果你對高檔奢侈品牌沒有興趣，只想休閒地逛一下有質感的店鋪，不妨前來LACHIC！相對同區的老牌百貨公司，玻璃帷幕外牆的LACHIC走年輕活潑路線，雲集時尚精品、服飾、家品、美食等160家店鋪。

專營北歐小物的 Arco Store

走年輕路線的 LACHIC

手工皂 ¥800

✉名古屋市中區榮3-6-1 ☎052-259-6666 ⏲B1～6樓購物層11:00～21:00，7、 8樓餐廳層11:00～23:00 ➡地下鐵東山線或名城線「榮」16號出口步行1分鐘 http www.lachic.jp MAP P.190

每年4月底～7月期間限定的「雨傘陣」

販賣高級食材的 The Kitchen

街道兩旁會在聖誕期間點起燈飾

星が丘テラス

星之丘Terrace

優雅的歐風購物小區

由名古屋車站搭乘地下鐵東山線，約20分鐘就能抵達這個歐風購物小區。步出地下鐵6號出口之後，馬上看到一條聚集了文創小店和時尚小店的街道，對面的是三越百貨，往上走一小段路會經過販賣高級食材的「THE KITCHEN」。

星之丘Terrace由「East」和「West」兩棟建築物構成，中間有天橋連接。區內大概有50間店舖，包括國際服裝品牌、以年輕女性為主要客群的精品小店、連鎖家品店、餐廳等，適合想要悠閒逛街的人。每年12月，街道兩旁還會點起聖誕燈飾，非常浪漫。

✉名古屋市千種區星之丘元町16-50 ☎052-781-1266 ⏲10:00～20:00，部分店鋪不同，1/1公休 ➡地下鐵東山線「星之丘」6號出口步行1分鐘 http www.hoshigaoka-terrace.com MAP P.192

人潮旺盛的大須觀音

大須商店街

從江戶時代已開始繁榮的街道

擁有400多年歷史的大須商店街是以大須觀音為中心、自江戶時代就繁榮至今的街道，現在則以雲集多家電器店而聞名，和東京的秋葉原以及大阪的日本橋並列為「日本三大電器街」。

除了電器店，在總長超過1,700米的拱廊式街頭，林立著各種飲食店、

名古屋市中區大須 052-261-2287 各店鋪不同 地下鐵鶴舞線或名城線「上前津」9號出口 inbound.nagoya-osu.com/hn MAP P.190

古著店、雜貨店等共1,200多家店鋪。大須商店街是一條充滿了平民氣氛的熱鬧商業街，與名古屋其他熱門購物區擁有截然不同的氣氛，這裡也是日本御宅文化的發源地，定期舉辦Cosplay活動。

不論是追求便宜家電的當地居民，還是動漫愛好者，這裡都有著無比的吸引力。

慢遊散策

大須觀音骨董市集

大須觀音是日本三大觀音之一，也是名古屋香火最鼎盛的寺廟，每年舉辦各種各樣的祭祀活動，吸引大量遊客。除了前來拜拜，喜歡古物的人也不要錯過每月18日、28日舉辦的廟會，和在寺前方空地舉辦的露天骨董市集！

這個骨董市場享負盛名，以販賣陶瓷、古著和服、雜貨、珠寶飾物和玩具等各色各樣的古老物品為主，一個個帳篷攤位之間的通道相當廣寬，一點擁擠的感覺也沒有，好逛好買，絕對是尋寶的好地方。

✉名古屋市中區大須觀音 ☎052-731-5586 ⏲每個月的18、28日 ➡地下鐵鶴舞線「大須觀音」2號出口 http inbound.nagoya-osu.com/hn(祭典・廟會) MAP

早上的市集最熱鬧

來骨董市集挖寶吧！

熱鬧的大須商店街

しゅくはく
名古屋住宿

健康美味的早餐

24 小時營業的咖啡店

低調簡約的飯店

✉名古屋市中區錦1-13-18 ☎052-231-7011 $單人房¥5,300起，雙人房¥7,800起 ➡地下鐵東山線「伏見站」10號出口步行3分鐘 http www.lamplightbookshotel.com MAP P.190

ランプライトブックスホテル名古屋

Lamp Lights Books Hotel Nagoya

在書本的世界中旅行，讓書香陪伴入眠

「The world is a book and those who do not travel read only one page.」西方哲學家聖奧古斯丁這樣說。如果世界是一本書，那麼能夠在書本的世界中旅行，甚至讓書香陪伴入眠，會是多麼詩意的一件事！

由連鎖飯店品牌 SOLARE HOTELS & RESORTS 集團開設、以「書店經營的飯店」為概念的這間飯店於 2018 年開幕，鎖定女性顧客及商務旅客為主要目標客群，70 間客房當中多為單人房，客房內的空間擺設簡單舒適，並陳列由旅館精心挑選和推薦閱讀的書籍，更貼心附設適合閱讀的沙發和照明燈，讓房客盡享悠閒的閱讀時光。

飯店 1 樓是24小時營業結合書店的咖啡廳，總計約 3,000 冊的選書整齊擺放在書架上，類型以旅行和推理小說為主，書香加上咖啡香，讓人捨不得離開。此外，這間咖啡廳也是飯店提供早餐的場地，以輕食為主的早餐菜單每天更換。

飯店提供的自助早餐

飯店的主餐廳 The Living Room with SKY BAR

✉名古屋市中村區名站4-11-27 ☎052-587-1131 $普通房¥13,900起，高級雙人房¥17,600起，浴室景觀雙床房¥25,500起 ➡從名鐵名古屋站步行3分鐘 http www.gardenhotels.co.jp/nagoya-premier MAP P.191

挑高的飯店大堂極具氣派

三井ガーデンホテルズ

三井花園飯店 名古屋普米爾

夢幻般的奢華住宿

三井花園飯店這個連鎖酒店品牌，其23間飯店分布於日本各地，每間的裝潢風格都融和當地風情和文化精髓，當中能冠上「Premier」光環的只有4間，2間在東京，1間在大阪，剩下的就是前幾年在名古屋隆重登場、有「空中酒店」之稱的三井花園飯店名古屋普米爾。

由名鐵名古屋站徒步3分鐘即達，接待大堂位於18樓，電梯門一打開，映入眼簾的是挑高樓底下懸掛著的現代藝術品，金碧輝煌的懾人氣派讓人不能把目光移開，而且白天跟晚上有著截然不同的氛圍，值得細味。

客房分布在19～25樓，寬敞的空間和舒適度都是頂級酒店的標準，而且從房間的窗戶就能居高臨下俯瞰無邊際夜景。不能錯過的還有位於18樓的日式公共浴場，中庭豎立以「雲海」為靈感創作的藝術品，一邊泡在熱湯裡，一邊看著夢幻般的藍光，猶如漂浮在雲海。

名古屋Resol飯店

ホテルリソル名古屋

復古時尚風格旅宿

房間充滿音樂元素

名古屋Resol飯店融合美式復古與法式時尚兩種風格，以音樂和藝術等元素展現知性美感，從大門口、玄關、接待大堂到房間內部的每個細節也讓人驚喜。飯店提供4款房型，由小巧的單人房到舒適的雙床雙人房，別樹一幟的室內裝潢、溫暖的木質地板加上2.6米高的天花板讓房間顯得舒適。

精心設計的接待大廳

名古屋市中村區名駅3-25-6 052-563-9269 單人房¥5,500起，好萊塢雙床房¥10,000起，雙人房¥11,400起 JR名古屋站櫻通口步行4分鐘 www.resol-nagoya.com

the b名古屋飯店

ザ・ビー 名古屋

年輕簡約的商務旅館

the b 名古屋飯店簡單方便

寬闊的房間

the b 飯店集團目前在全日本有12間分店，東京地區8間，其他4間分別在京都、神戶、博多以及名古屋，the b nagoya 整體設計年輕簡約，房內的採光很好，空間也相對一般的日本商務旅館寬闊，簡單乾淨的設備，以及舒適清爽的房間陳設讓人安心。

名古屋市中村區則武1-6-3 052-241-1500 單人房¥3,250起，雙人房¥6,750起 名古屋市營地鐵榮站出口13步行3分鐘 nagoya.theb-hotels.com MAP P.190

名鉄イン名古屋駅新幹線口

名鐵Inn名古屋站新幹線口

名古屋站旁的注目黑白棋盤建築

新穎又時尚的飯店

簡約舒適的空間

名鐵Inn名古屋站新幹線口主張為住客提供「3C」服務——Comfortable, Cozy, Convenient & Smart。由JR名古屋站徒步過來只需4分鐘，高聳的黑白棋盤外觀建築非常顯眼。飯店旁邊幾乎沒什麼阻礙，加上房間都有大片落地玻璃窗，視野非常遼闊！

名古屋市中村區則武1-6-3 052-453-3434 雙人房¥11,500起，雙床房¥13,200起 JR名古屋站太閤通口步行約4分鐘 www.m-inn.com/shinkansenguchi MAP P.191

名古屋JRゲートタワーホテル

名古屋JR門樓飯店

直通車站的便捷飯店

名古屋JR門樓飯店 位於JR名古屋站樓上，隸屬JR Gate Tower商場的一部分，生活機能便利。飯店櫃檯位於15樓，客房分布在18～24樓，以自然色調營造出清新舒適感，挑高的天花板讓室內空間顯得寬敞。安坐窗邊，除了享受高樓層一覽無遺的景觀外，還能俯瞰即時鐵路狀況，鐵路迷定必相當興奮。

名古屋 JR 門樓飯店

名古屋市中村區名駅1-1-3 052-566-2111 中型雙人房¥15,800起，高級雙床房¥18,800起 JR名古屋站櫻通口步行2分鐘 www.associa.com/chi/ngh MAP P.191

壯麗自然

「立山黑部」並非單獨的地理名稱，「立山」是指室堂、彌陀原等高原地區，而「黑部」是包含黑部水庫一帶的峽谷地帶，全區均位於中部山岳國立公園內，每年**4**月中旬～**11**月下旬開通，冬季會封山。說到立山黑部不能不提「立山黑部阿爾卑斯路線」，這條標高差距達**2,400**公尺的山岳觀光路線，遊覽其中需要換乘多種交通工具，包括登山纜車、高原巴士、架空索道等沿途飽覽美不勝收的壯闊景色，翻山越嶺的過程本身也是行程的樂趣之一！

立山黑部

Tateyama Kurobe

すいせん

立山黑部推薦

◇◇◇◇◇◇◇◇◇◇◇

雪之大谷

(圖片提供：Kayee)

各車站限定商品

(圖片提供：Kayee)

山系精品小物

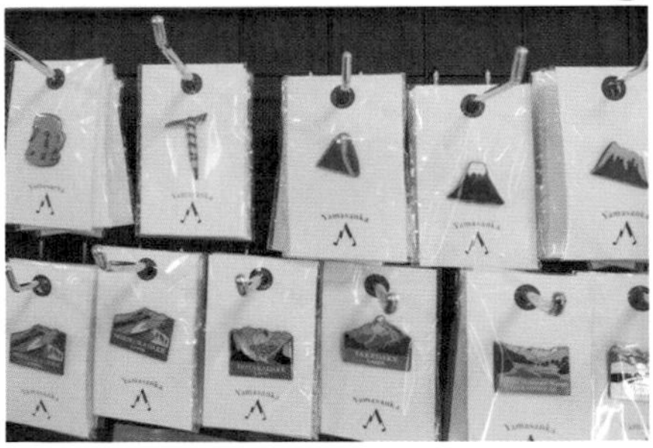

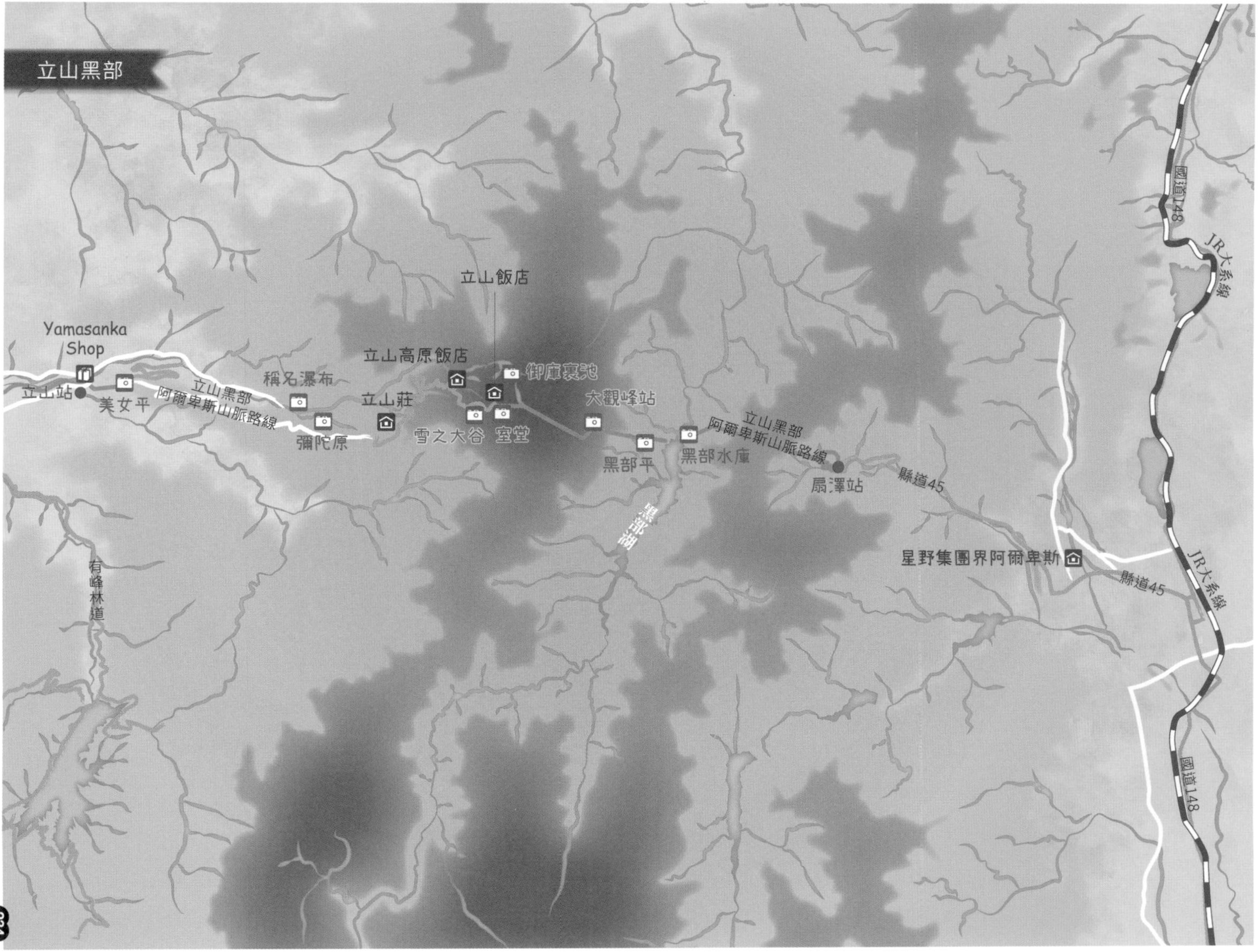

立山站
Yamasanka Shop
美女平
立山黑部
阿爾卑斯山脈路線
稱名瀑布
彌陀原
立山莊
立山高原飯店
立山飯店
御庫裏池
雪之大谷
室堂
大觀峰站
黑部平
黑部水庫
黑部湖
立山黑部
阿爾卑斯山脈路線
扇澤站
縣道45
星野集團界阿爾卑斯
縣道45
有峰林道
國道148
JR大系線
JR大系線
國道148

◆前往立山黑部◆

橫越立山黑部可以選擇由富山縣方向往立山站進山，或者由長野縣方向經扇澤先到黑部水庫，不論由哪個方向出發，建議早一天先抵達周邊地區，翌日再出發，畢竟光是乘搭各種登山交通工具橫越立山黑部阿爾卑斯山脈，就需要花上一整天的時間。

交通資訊
こうつうじょうほう

由富山縣方向往立山站交通方式

出發	交通工具	所需時間	指定席價格 (¥)
東京 →	北陸新幹線 → 富山 → 換乘富山地方鐵路本線 → 立山站	約3小時50分鐘	14,130
大阪 →	JR 特急雷鳥號 → 金澤 → 換乘北陸新幹線 → 富山 → 換乘富山地方鐵路本線 → 立山站	約4小時40分鐘	10,930
名古屋 →	特急 Wide View 飛驒號 → 富山 → 換乘富山地方鐵路本線 → 立山站	約5小時30分鐘	9,050
富山 →	富山地方鐵路 → 立山站	約1小時	1,200

(資料時有異動，請以官方公布的最新資料為主)

由長野縣方向往扇澤站交通方式

出發	交通工具	所需時間	指定席價格 (¥)
東京 →	長野新幹線 → 長野 → 換乘 JR 信越本線 → 松本 → 換乘 JR 大系線 → 信濃大町站→ 換乘 ALPICO 特快巴士 → 扇澤站	約4小時25分鐘	12,330
大阪 →	新大阪站 → 東海道新幹線 → 名古屋 → 換乘信濃號 → 松本 → 換乘 JR 大系線 → 信濃大町站→ 換乘 ALPICO 特快巴士 → 扇澤站	約4小時35分鐘	13,010
名古屋 →	信濃號 → 松本 → 換乘 JR 大系線 → 信濃大町站→ 換乘 ALPICO 特快巴士 → 扇澤站	約3小時55分鐘	8,240
長野 →	JR信越本線 → 松本 → 換乘JR大系線 → 信濃大町站→ 換乘ALPICO特快巴士 → 扇澤站	約3小時	3,300

(資料時有異動，請以官方公布的最新資料為主)

◆橫越立山黑部阿爾卑斯山脈路線◆

橫越立山黑部需要換乘多種交通工具，包括登山纜車、高原巴士、架空索道等，翻山越嶺的過程本身也是行程的樂趣之一，但包括換車和觀光時間在內，保守估計需要花上 7 ～ 8 小時，人多時，建議將時間延長 1 ～ 2 小時。

假如在旅遊高峰期，例如日本黃金週，可能會遇上高速公路大塞車的情況，立山的公共交通工具也會大排長龍，必須事先掌握各種交通工具的換乘時間表。此外，亦可使用富山與長野之間的付費行李運送服務，先將行李運送至當晚的飯店。

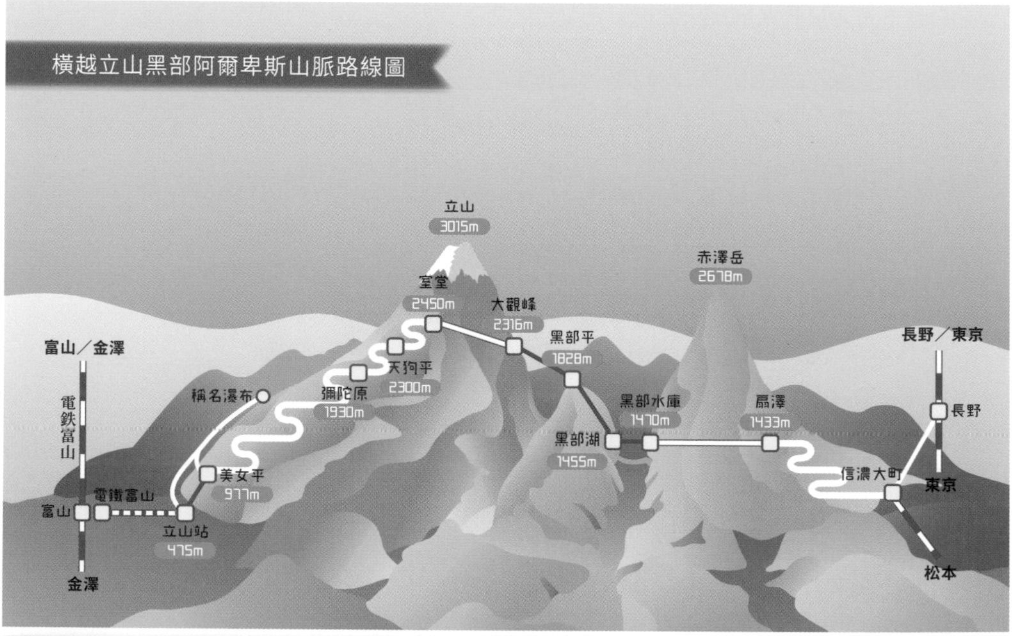

地點	立山站 →	美女平 →	彌陀介原 →	天狗平 →	室堂 →	大觀峰 →	黑部平 →	黑部湖 →	黑部水庫 →	抵達扇澤站
交通工具	立山登山纜車	立山高原巴士			立山隧道無軌電車	立山架空索道	黑部地下纜車	徒步	關電隧道無軌電車	
所需時間	7 分鐘 1.3 公里	50 分鐘 23 公里			10 分鐘 3.7 公里	7 分鐘 1.7 公里	5 分鐘 0.8 公里	約 10 分鐘 0.8 公里	16 分鐘 6.1 公里	
價格 (¥)	單程票 720(大人) 360(兒童)	單程票 1,710(大人) 860(兒童)			單程票 2,160 (大人) 1,080 (兒童)	單程票 1,300 (大人) 650 (兒童)	單程票 800 (大人) 430 (兒童)		單程票 1,540 (大人) 770 (兒童)	

(資料時有異動，請以官方公布的最新資料為主)

漫步雪之大谷

四季不同服飾穿搭

立山黑部登山地區為3,000公尺高的山地，氣溫與平地有很大的差別，加上山區天氣多變，隨時準備雨具和防水防滑的健走鞋就萬無一失，時刻配戴太陽眼鏡阻擋刺眼的雪地反射也非常重要。

冬天的穿搭

室堂每年大概10月開始下雪，11、4月的氣溫更會降到零度以下，特別在「雪之大谷」活動期間，請務必做好保暖措施，羊毛帽、手套、暖暖包、圍巾等不可缺少。

夏天的穿搭

北阿爾卑斯山區就算在盛夏也非常涼爽，適宜穿著長袖、透氣良好以及容易穿脫的衣服，加上山區陽光特別強烈，配戴寬邊帽子和太陽眼鏡，也不要忘記塗抹防曬乳。

立山黑部觀光季氣候

月份	4月	5月	6月	7月	8月	9月	10月	11月
最高氣溫	6	10	14	16	18	15	10	2
最低氣溫	-3	3	7	11	12	9	3	-5

隨著氣溫升高，雪壁會慢慢融化，5 月底只剩下 7 米高而已 (圖片提供：Kayee)

感受僅見一線藍天的震撼！

每年4月中旬，萬眾期待的立山開山活動展開，正式宣告立山黑部從嚴寒的冬季甦醒過來，春天來了，遊人也來了，這片沉睡接近半年的「日本祕境」開始熱鬧起來。

立山是屈指可數的豪雪地區，積雪量最高可達20公尺，相當於10層樓高！在海拔2,450米的立山室堂，每年為了清除道路上的積雪而形成的高聳雪壁就是知名的「雪之大谷」，屆時道路一側維持巴士行駛，另一側則開放予遊客步行。隨著氣溫升高，雪壁會慢慢融化，把握剛開通後4月下旬～6月這段期間，漫步其中感受兩邊聳立著巨大雪牆的震撼！

積雪量最高時可達20公尺相當於10層樓高（圖片提供：Kayee）

立山黑部有著四季分明的自然景觀，每年都吸引成千上萬遊客到來，高聳巍峨的「雪之大谷」是立山春天的代表景色，夏天來到可以登山健行，沿途有種類豐富的高山植物，秋日滿山遍野被染成一片楓紅……

坐上標高差距達2,400公尺的「立山黑部阿爾卑斯路線」，乘搭多種交通工具翻山越嶺，沿途飽覽美不勝收景色。

雪之大谷一側為行人開放，另一側維持巴士的行駛（圖片提供：Kayee）

豆知識

除雪車「立山熊太郎」

我們可以在雪之大谷散步，全賴除雪車把厚厚的積雪剷開，這些擔任開拓雪之大谷重要任務的除雪車有一個可愛的名字，它們叫「立山熊太郎」。每年開山之後，主辦單位都會在室堂站前方的中央廣場展示正在服役的立山熊太郎，讓遊客近距離欣賞它們的英姿。

每年開拓雪之大谷的重要任務都交給立山熊太郎（圖片提供：Kayee）

けしき 立山黑部景點

呈現翠綠色的黑部湖面，可以乘坐觀光船遊覽 (圖片提供：Kayee)

黑部水庫

氣勢磅礴！日本最大的拱形結構式水庫

黑部ダム

建於海拔 1,500 米處的黑部水庫，是日本最大的拱形結構式水庫，耗資 513 億日圓，動員了 1,000 萬名工作人員的血與汗，其中更有於建造工程中 171 人殉職，共花了 7 年時間，於 1963 年完成的艱難工程，這個「日本第一水庫」的背後有著無數人的努力。

每年 6 月下旬～10 月中旬之間，遊客可以近距離觀看水庫洩洪的景觀，親眼見證如萬馬奔騰的場面之餘，偶爾還會伴隨彩虹的出現。黑部水庫洩洪期間，每天噴出的水量高達每秒 10 噸以上，氣勢磅礴，令人驚嘆不止。

富山縣中新川郡立山町芦峅寺黑部水庫 0261-22-0804 大約 4/15～11/30 (每年的開放時間可能不同) 免費 從黑部纜車黑部湖站步行即到 1小時 www.kurobe-dam.com MAP P.234

御庫裏池

到6月還被白雪覆蓋的火口湖

みくりが池

御庫裏池是室堂的代表景觀，它的古名為「御廚之池」，這裡的池水曾被用來烹調祀奉立山山神的料理。每年在6月下旬～7月中旬之間，可以看到立山倒映在湖面上的美麗倒影，加上附近也有種類豐富的高山植物，立山的「吉祥物」雷鳥也大多棲息在這個地區，很適合健行。然而，如果在6月之前到來就只能看到仍被積雪滿滿覆蓋著的御庫裏池。

被白雪覆蓋着的御庫裏池還沒有由冬天的嚴寒中醒過來 (圖片提供：Kayee)

富山縣中新川郡立山町芦峅寺ブナ坂外11國有林 076-462-9971(立山町商工觀光科) 4/15～11/30，冬季不開放 免費 從立山黑部阿爾卑斯山路線室堂終點站步行約10分鐘 0.5小時 www.alpen-route.com/tw(各景點的精采之處〉室堂) MAP P.234

大觀峰站

從雲上露台眺望黑部水庫全景

大観峰駅

大觀峰是介於黑部平與室堂中間的一個車站，也是立山空中纜車和立山隧道公車相互換車的地點。換車以外，這裡也是賞楓的好地方，每年9月底~10月上旬在此可以欣賞到令人讚歎屏息的楓紅。登上車站的屋頂展望台，還能眺望北阿爾卑斯山脈及黑部水庫全景，殘雪配上水庫的倒影非常壯觀。

遙望立山連峰和黑部水庫的全景，大自然的鬼斧神工讓人震撼 (圖片提供：Kayee)

大觀峰限定商品一暖烘烘的烤地瓜 (¥250) (圖片提供：Kayee)

富山縣立山町芦峅寺大觀峰　076-463-5144　4/15～11/30 08:00～17:00(時間可能因季節不同）在「黑部平」站轉搭立山開發鐵道約7分鐘即可抵達　0.5小時　www.alpen-route.com/tw(各景點的精采之處：大觀峰～黑部水庫～大町) MAP P.234

買い物

立山黑部購物

Yamasanka Shop

可愛山系小物

近年來，喜歡登山的日本女生越來越多，這些女生被稱為「山系女生」(山ガール)，她們熱愛探索大自然，也追求可愛又時尚的登山造型。Yamasanka 設計多款可愛的胸章，顏色鮮豔，造型精緻。除了作為登山紀念品，把這些飾品扣在帽子、衣服或是背包上也十分適合！

除了立山站，也能在其他立山黑部的販售店裡找到 Yamasanka Shop 的蹤影。

Yamasanka 山系襟章 (¥432)，備有多款不同登山的造型

富山縣立山町芦峅寺字千壽ケ原2(立山站)　076-481-1188　4/10～11/30 06:00～18:00(時間可能因季節不同）乘搭富山地方鐵路到立山站即達　www.dentsutec.co.jp/Yamasanka MAP P.234

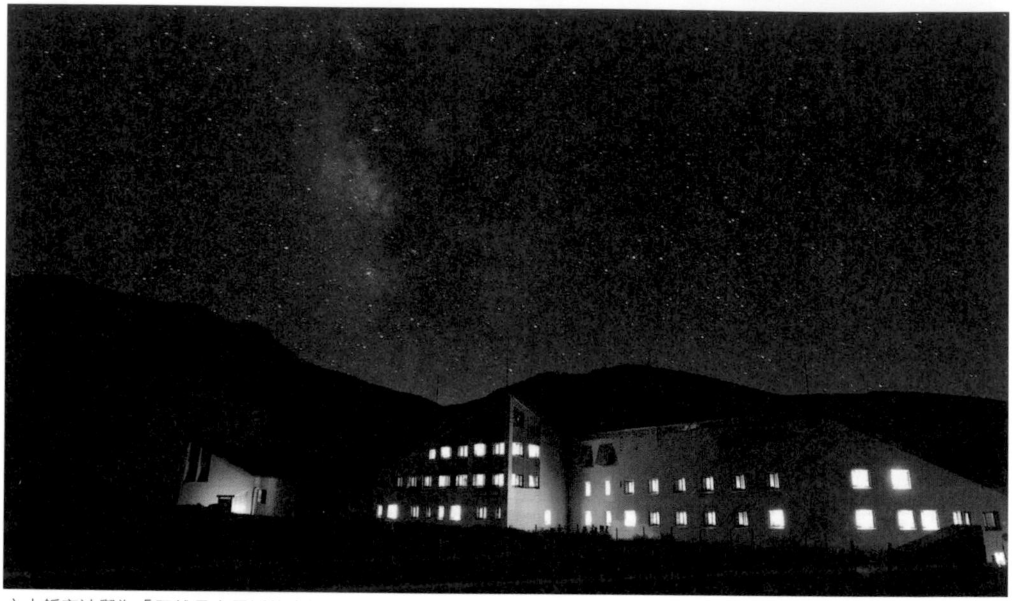

立山飯店被譽為「距離星空最近的度假飯店」，彷彿伸手就能觸碰到滿天繁星（相片提供：立山飯店）

立山飯店

ホテル立山

日本海拔最高飯店，雲端上看滿天繁星

位於海拔 2450 公尺的立山飯店是日本海拔最高的飯店！在這裡，你可以近距離欣賞到北阿爾卑斯山脈的壯麗風景，天氣晴朗的晚上，還有滿天繁星陪伴入眠呢。

立山飯店位於「立山黑部阿爾卑斯山脈路線」的主要觀光據點室堂，乘搭立山高原巴士於室堂巴士站下車即到，與「雪之大谷」也僅一步之遙，交通非常方便。此外，飯店還會舉辦及安排如登山健行、星空鑑賞會、觀察雷鳥等多姿多彩的活動供房客參與。

翌日在柔和的薄霧裡醒過來，撲面而來的是沁人心脾的大自然氣息，來一趟身心都被淨化的住宿體驗吧！

富山縣中新川郡立山町芦峅寺室堂 076-463-3345 一泊二食(2人1室每人)¥20,520起，需共用浴室；一泊二食(4人1室每人)¥21,600起，附浴室和廁所 室堂巴士站下車即到 http h-tateyama.alpen-route.co.jp MAP P.234

界阿爾卑斯創作的「雪見鍋」，壽喜燒鍋上覆蓋如雪般的棉花糖，沸騰後雪球會慢慢融化(相片提供：星野集團界阿爾卑斯)

在露天溫泉可以邊泡湯邊欣賞這片冬天限定的恬靜銀白景象(相片提供：星野集團界阿爾卑斯)

被群山環抱的界阿爾卑斯充滿了信州田舍風情(相片提供：星野集團界阿爾卑斯)

星野リゾート界アルプス

星野集團界阿爾卑斯

北阿爾卑斯山腳下的奢華田園旅宿

距離立山黑部的玄關口扇澤站僅15分鐘車程、位於長野縣大町溫泉鄉內的界阿爾卑斯以「體驗信州地區田園奢華風情的溫泉旅館」為概念，不論在客房設計，還是餐飲料理上都展現了信州在地特色。

界阿爾卑斯共有48間客房，提供附私人室內風呂的客房、適合一家大小入住的Loft房型、隱私度高的獨立棟等4種房型，每個房間裡均放置沙發和矮床，讓住客在體驗傳統溫泉的同時，也擁有現代化頂級飯店的舒適度。

界阿爾卑斯備有男女分開的露天溫泉和室內大浴場，走進被落葉松林、楓林圍繞的溫泉浴場，遙望四季更迭的北阿爾卑斯群山壯麗美景，來享受一次被群山環抱著的奢華泡湯體驗吧。

長野縣大町市平2884-26 81-50-3786-1144 一泊二食(2人1室每人)和室¥23,000起，附私人室內風呂和室¥28,000起 從JR大糸線的信濃大町站搭乘開往扇澤的巴士，約15鐘後在大町溫泉鄉巴士站下車，再步行約5分鐘 http kai-ryokan.jp/alps MAP P.234

日本一年四季都會舉辦各種祭典活動，不論是歷史性的祭典，還是現代化的活動，當中有很多都變成別具特色的觀光活動，如果能夠參與其中，必定成為旅途上最難忘的回憶！順帶一提，每年大概在4/29的昭和之日至5/5的兒童節前後是日本的長假期，稱為「黃金週」，旅遊景點和主題樂園等都擠滿人，而且高速公路會大塞車，火車也會常常滿座，如果這個時間去日本旅遊，就要有到處人擠人的心理準備！

7月	8月	9月	10月	11月	12月
7月第3個週一 海之日	8/11 山之日 8/13～8/16前後 盂蘭盆節	9月第3個週一 敬老日 9/23前後 秋分	10月上旬～ 12月上旬 紅葉季 10月的第2個週一 體育日 10/14～15 濁酒祭	11/3 文化日 11/15日 七五三節 11/23日 勞動感謝日	12/23日 天皇誕生日 12/24日 聖誕節 12/31日 除夕
7月中旬～ 9月上旬 群上舞 (群上八幡)	8/1～4 下呂溫泉祭 (下呂溫泉) 8/9 飛驒高山手筒煙火大會 (高山市) 8/11～13 飛驒高山陣屋前夜市	10/9～10 高山祭 (高山市)			12月的週六 下呂溫泉花火表演(下呂溫泉)
7月下旬～ 8月上旬 世界動漫角色扮演峰會(名古屋大須一帶)			10月下旬 名古屋祭 (名古屋久屋大通公園一帶)		
	8月上旬 山代大田樂 (山代溫泉) 8/22～25 輪島大祭 (輪島市)			11月～12月中旬 兼六園雪吊作業 (金澤市)	

7月	8月	9月	10月	11月	12月
25.8	27.1	23.1	17	11.5	6.2
25.2	26.6	22.1	16.1	10.8	6
22.6	23.4	18.9	11.9	6	0.7

金澤

金澤是一個多雨多雪而且潮濕的地方。大概從 6 月下旬到 9 月中旬之間是夏季，中間夾雜著降雨量驚人的雨季；而從 12 月中旬到 3 月上旬是金澤的雪季，其中 1 月的降雪量最多。到訪金澤的最佳時間是 5 月下旬至 6 月下旬，以及 8 月上旬至 10 月上旬這兩個時段，天氣晴朗宜人。

高山

高山是一個四季分明的地方，夏季暖和而潮濕，冬季寒冷而多雪。從7月下旬到9月上旬是到訪高山最舒適的日子，天朗氣清，感知溫度在 18℃和 27℃之間。秋天過後，持續 3 個多月的寒冷季節到來，特別在 12 月下旬到 2 月中旬是高山的豪雪季節。

地區祭典、節慶活動、國定假日月曆

	1月	2月	3月	4月	5月	6月
全日本	1/1 新年 1月的第2個週一 成人節	2/11 建國紀念日	3/3 女兒節 3/21前後 春分	3月下旬～4月上旬 櫻花季 4/29 昭和之日	5/3 憲法紀念日 5/4 綠之日 5/5 兒童節	
白川鄉	1月下旬～2月中旬 白川鄉點燈					
飛驒高山	1月中旬～2月下旬 高山酒窖巡遊	2/15～25 平湯大瀧結冰祭 (平湯溫泉)		4/14～15 高山祭 (高山市) 4/19～20 古川祭 (飛驒市)		
名古屋			3月中旬 愛知·名古屋馬拉松 盛典 (名古屋巨蛋)			6／5日 熱田祭 (熱田神宮)
石川		2月上旬 雪人祭(白山市)			5/3～5 青柏祭 (七尾市) 5月中旬 旅祭 (小松市)	6月第1個 週五～日 金澤百萬石祭 (金澤市) 6／4～5 菖蒲湯祭 (山代溫泉)
立山				4月下旬～5月下旬 立山開山		

◆氣候資訊◆

平均氣溫 (攝氏度)

	1月	2月	3月	4月	5月	6月
名古屋	3.7	4.3	7.6	13.8	18.4	22
金澤	2.9	2.9	6	12.1	17	20.8
高山	-2.2	-1.6	1.9	9.3	14.6	18.8

名古屋

名古屋全年潮濕，夏季短而且悶熱，炎熱季節大概由從 6 月下旬持續到 9 月中旬，每日平均高溫超過 27℃，其中 6 ～ 7 月期間更是名古屋的雨季；從 12 月上旬到 3 月中旬是名古屋的冬季，多風但大部分時間是晴天，平均高溫為 8℃。

日本中部基本旅遊資訊

機場情報

日本中部地區包括了9個縣，當中可由台灣直飛前往的包括愛知縣的中部國際機場、石川縣的小松機場、富山縣的富山機場，和靜岡縣的富士山靜岡機場；此外，配合各款交通優惠車票，還可以選擇大阪的關西機場，或東京的成田和羽田機場，作為進出航點。最新的飛航資訊，請向各航空公司查詢。

中部國際機場（中部国際空港）

http www.centrair.jp

中部國際機場是日本中部的熱門進出航點，目前從桃園直飛的定期航班選擇有許多，主要包括日本航空、國泰航空、中華航空、台灣虎航及日本捷星等，每日有超過3個航班以供選擇，飛行時間約2小時55分鐘。由中部國際機場到名古屋市區只需30分鐘。

小松機場（小松空港）

http www.komatsuairpcrt.jp

小松機場是距離金澤市最近的機場，由台北桃園國際機場出發約為3小時，目前往來台北與小松之間的航線選擇有長榮航空和台灣虎航2家公司，長榮的班機下午出發，每週5天有固定班次，台灣虎航則每週2班中午出發。

富山機場（富山きときと空港）

http www.toyama-airport.co.jp

目前經營台灣直飛富山機場的航線只有中華航空，每星期有4個航班，飛行時間大約是3小時。富山機場日文名稱中的「きときと」，是指新鮮又有朝氣的樣子，雖然是一個冷門的機場，但如果只為前往立山黑部或五箇山的人，不妨直接選擇這裡作為進出航點。

簽證資訊

日本政府自2005年起，對在台設有戶籍者（即護照上登載有持照人之身分證統一編號者）實施免簽證措施，每次可停留90天。

電壓

100V（東日本50Hz、西日本60Hz），日本用的電插座是雙平腳插座。

時差

比台灣快1小時。

退稅

只要在貼有免稅標誌的商店購物滿¥5,000以上就可退稅，包包、鞋子、服飾和工藝品等一般商品都納入免稅範圍，就連食物、藥妝等消耗品也能退稅，大部分百貨公司和購物中心都設有免稅櫃檯，出示護照就能馬上辦理，非常方便。

每位消費者必須在同一店鋪內消費，並於當天完成辦理免稅手續，非當日購買的物品不能累積合計，購物時也不能使用其他人的信用卡付款，敬請留意。

緊急情況

若遇緊急情況，可立即與台灣駐日經濟文化代表處人員聯絡，或撥電話110或119(24小時服務)。不會日語的人，最好先說明自己是外國人，即可獲轉通譯中心處理。

遇到犯罪或發生交通事故，請聯絡：

警察署—110

警察局英語熱線—3501-0110

發生火災、生病、受傷等緊急情況時，請聯絡：119

台北駐日經濟文化代表處緊急聯絡電話專供緊急求助之用，如車禍、搶劫、有關生命安危緊急情況等。

・專線：(81-3)3280-7917(24小時)

・手機：自國內撥打：(81-80)6557-8796，(81-80)6552-4764

・日本境內直撥：080-6557-8796，080-6552-4764

消費習慣

1. 日本並無支付小費習慣。
2. 目前商品價格含8％消費稅(2019年10月將提高至10％)。
3. 某些飯店及餐館，除了要支付消費稅以外，可能還要另外收取消費額10～15％的服務費。
4. 除少數特定地方外，大部分商店不接受討價還價。
5. 國內發行之VISA、MASTER等信用卡均可使用，但如果在大城市以外的地方消費，還是事先備好現金為好。

撥打國際電話回台灣

依次撥：國際碼冠＋國家碼＋地區碼＋電話號碼

在日本撥電話回台灣，可以以「+」代替當地國際冠碼。舉例要撥打給台灣家人，電話號碼為(02)1234-5678，＋-886-2-1234-5678。

郵寄明信片

明信片和郵票在日本全國的郵局和便利商店等地方都能買到，以標準尺寸的明信片為例，從日本寄往世界任何國家的航空運費一律為￥70。把寫好的明信片投入郵筒左邊「手紙・はがき」的投遞口即可。

觀光導覽資訊

日本國家旅遊局

welcome2japan.tw

03-3201-3331，提供英語、中文和韓語的電話諮詢

09:00～17:00，1/1休館

提供中文導遊的日本旅行社

e路東瀛

www.japanican.com/tw

YOKOSO Japan

www.yokosojapan-tour.com/zh-TW

H.I.S.

bus.hisgo.com/tc

日本中部交通優惠票

こうつうじょうほう

日本中部地區幅員廣大，拉長了的行車時間導致交通費用高昂，而且有不少地方沒有鐵路直達，例如要前往白川鄉、奥飛驒溫泉鄉等山區就必須依賴高速巴士。如何選擇交通工具、怎樣才能節省交通費，都是規畫行程中讓人苦惱的問題。

在安排行程時，如果只為了把優惠車票「物盡其用」而走馬看花，也不見得是一件好事，而且有時侯優惠車票不一定比買單趟車票便宜，按著自己的旅行節奏就好。以下列出部分中部地區的交通優惠車票。

交通查詢網站

駅探：ekitan.com
Jorudan 乘換案內：www.jorudan.co.jp
日本鐵路通票：www.japanrailpass.net
濃飛巴士：www.nouhibus.co.jp
ALPICO 交通：www.alpico.co.jp

◆ JR 高山、北陸地區周遊券◆

http touristpass.jp/zh-tw/takayama_hokuriku

這張「JR 高山北陸地區周遊券」涵蓋日本中部、關西與北陸地區，可以選擇從名古屋或大阪出發，5 天內不限次數搭乘 JR 特急列車和巴士，適合想一次過走遍名古屋、金澤、白川鄉、京都、大阪等多個著名景點並由不同地點出入境的旅客。

鐵路方面，於可利用地區內，能乘坐最多 4 次普通車指定席 (特急列車 Haruka 除外)，並不限次數搭乘來往金澤與富山之間的北陸新幹線普通車自由席；巴士方面，可不限次數自由搭乘往來白川鄉、五箇山、金澤等地的指定路線巴士。

周遊券於海外購買比較便宜，成人票價 ¥14,000，兒童 ¥7,000，日本境內的價格為 ¥15,000，兒童 ¥7,500。

◆飛驒路自由乘車券 (飛驒路フリーきっぷ) ◆

http railway.jr-central.co.jp/tickets/hida

由 JR 東海公司發行，這款「飛驒路自由乘車券」的使用對象不限遊客，連當地人也會購買。乘車券包含一趟從名古屋到飛驒古川站的特急列車普通車指定席往返費用、自由乘搭飛驒金山站至飛驒古川站之間的區間車、濃飛巴士往返費用 (高山到奧飛驒溫泉鄉或高山到白川鄉二選一)，另附 ¥6,000 的計程車乘車券。

票種由 1 人用至 4 人用不等，而且同行人數越多越划算，舉例說，名古屋站出發 1 人價錢 ¥12,140，4 人價錢只需 ¥30,650(平均每人約 ¥7,662)，乘車券 3 天內有效，日本中部地區主要站的窗口以及旅行社均可買到。

◆昇龍道巴士周遊券◆

http www.mwt.co.jp/shoryudo

「昇龍道」是指由北陸的能登半島到中部國際機場這一區域，由於地形貌似一條乘風飛翔的龍而被命名。「昇龍道巴士周遊券」專門為外國旅客而設，兌換票券時需出示護照。憑券可無限次搭乘中部及北陸地區指定路線的巴士，並含機場單程車票 2 張 (名古屋～中部國際機場、金澤～小松機場)，以及指定交通工具享有折扣優惠。3 日券￥7,500、5 日券￥15,000，成人和兒童一樣價格。

◆立山黑部、高山、松本地區周遊券 (季節限定) ◆

http touristpass.jp/zh-tw/alpine

遊覽立山黑部最省錢也最便捷的周遊券，絕對是張「立山黑部、高山、松本地區周遊券」。憑券可 5 天內無限次搭乘從名古屋出發的 JR 特急列車，自由搭乘立山黑部阿爾卑斯路線 (富山～立山～室堂～大觀峰～黑部大壩～信濃大町) 之間的 8 種交通工具，並可中途下車前往下呂溫泉、高山、松本等知名景點。成人票價￥17,500，兒童￥8,750。

◆ IC 卡：TOICA & manaca ◆

將車票與電子貨幣合而為一的 IC 卡，不單可以省去準備零錢和排隊買票的麻煩，能夠重複使用也相當環保，在大名古屋地區和東海地區最常見的 IC 卡是「TOICA」及「manaca」。

藍色波浪圖案的 TOICA 由 JR 東海公司推出，在 JR 東海各車站的售票機或櫃臺可以購買。卡片中間有一隻檸檬黃可愛生物的 manaca 由名古屋鐵道發行，可在名古屋地鐵、名古屋鐵道等車站售票機或櫃臺購買。兩張卡已加入 Suica、PASMO、ICOCA 等日本全國 IC 卡互通行列。IC 卡的最低售價￥1,000，各含￥500 押金 (可退還)。

http TOICA：toica.jr-central.co.jp

http manaca：www.manaca.jp

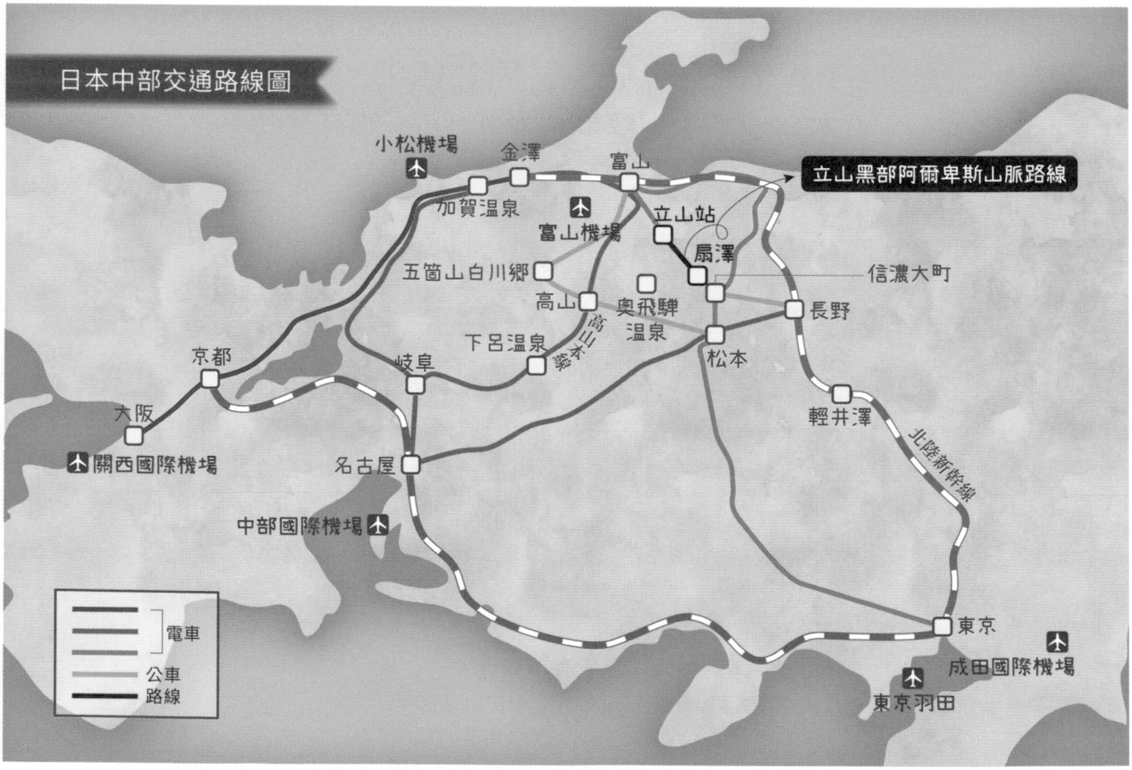

行李清單

打包行李是一門深奧的學問！每次去旅行，基於各個地區的氣候狀況及行程安排，要準備的東西當然也不一樣，如何節省收納空間？如何減輕行李重量？全部都是學問。

證件、重要物品

- □護照，確認有限期限超過半年
- □金錢，包括現金、支票、提款卡、信用卡等
- □行程資料，包括機票和住宿確認，緊急聯絡人等

冬季可追加

- □禦寒外套
- □發熱衣
- □羊毛帽、圍巾、手套、暖暖包
- □防滑的雪地鞋子

基本衣物

- □外套、風衣
- □T恤
- □襯衫
- □內衣褲、襪子
- □褲子、裙子
- □鞋子

電器類

- □手機、相機
- □充電器、後備電池
- □記憶卡
- □轉換插頭

盥洗、護膚化妝品

- □清潔類，例如卸妝、洗面乳等
- □保濕潤膚類，例如面霜、面膜、潤唇膏、防曬霜等
- □盥洗用品（大部分飯店有提供，民宿或是青旅得自己準備）
- □視乎個人習慣，攜帶小量化妝品，例如眉筆、唇膏和粉底等
- □常用藥物，例如胃藥、感冒藥、腸胃藥、OK繃等

其他

- □太陽眼鏡，雪地反射的陽光特別刺眼
- □筆，填寫入境卡
- □雨傘，下雨和下雪也合用

白川郷

モリの足湯

作　　者　Gloria
插　　畫　Panda 彭達熊

總 編 輯　張芳玲
發想企劃　taiya 旅遊研究室
編輯部主任　張焙宜
企劃編輯　翁湘惟
主責編輯　翁湘惟
封面設計　何仙玲
美術設計　何仙玲
地圖繪製　徐巧琳

太雅出版社
TEL：(02)2882-0755　FAX：(02)2882-1500
E-MAIL：taiya@morningstar.com.tw
郵政信箱：台北市郵政 53-1291 號信箱
太雅網址：http://taiya.morningstar.com.tw
購書網址：http://www.morningstar.com.tw
讀者專線：(04)2359-5819 分機 230

出版者　太雅出版有限公司
台北市 11167 劍潭路 13 號 2 樓
行政院新聞局局版台業字第五〇〇四號

總經銷　知己圖書股份有限公司
106 台北市辛亥路一段 30 號 9 樓
TEL：(02)2367-2044 ／ 2367-2047　FAX：(02)2363-5741
407 台中市西屯區工業 30 路 1 號
TEL：(04)2359-5819　FAX：(04)2359-5493
E-mail：service@morningstar.com.tw
網路書店 http://www.morningstar.com.tw
郵政劃撥 15060393(知己圖書股份有限公司)

法律顧問　陳思成律師

印　　刷　上好印刷股份有限公司 TEL：(04)2315-0280
裝　　訂　大和精緻製訂股份有限公司 TEL：(04)2311-0221

初　　版　西元2018年12月01日
定　　價　450 元
ISBN978-986-336-276-0
Published by TAIYA Publishing Co.,Ltd.
Printed in Taiwan
(本書如有破損或缺頁，退換書請寄至：台中市工業30路1號 太雅出版倉儲部收)

國家圖書館出版品預行編目 (CIP) 資料

日本中部質感漫旅 / Gloria 作 . -- 初版 .
-- 臺北市 : 太雅 , 2018.12
面 ;　公分 . -- (世界主題之旅 ; 116)
ISBN 978-986-336-276-0(平裝)
1. 旅遊 2. 日本
731.9　　107017241

編輯室提醒

出發前，請記得利用書上提供的Data再一次確認

雖然本書的作者與編輯已經盡力，讓書中呈現最新最完整的資訊，但是必要的時候，請多利用書中的電話，再次確認相關訊息。

資訊不代表對服務品質的背書

本書作者無法為所有餐廳服務生，或任何機構的職員背書他們的品行，甚或是費用與服務內容也會隨時間調動，所以因時因地因人，可能會與作者的體會不同，這也是旅行的特質。門票和交通票券的價格若出現跟書中的價格有微小差距，請以平常心接受。

新版與舊版

太雅旅遊書通常修訂時，還會新增餐廳、店家，重新製作專題，所以舊版的經典之作，可能會縮小版面，或是僅以情報簡短附錄。不論我們作何改變，一定考量讀者的利益。

謝謝眾多讀者的來信

歡迎讀者將你所知道的變動後訊息，善用我們提供的「線上回函」或是直接寫信來taiya@morningstar.com.tw，讓華文旅遊者在世界成為彼此的幫助。

太雅旅行作家俱樂部

填線上回函，送"好禮

感謝你購買太雅旅遊書籍！填寫線上讀者回函，
好康多多，並可收到太雅電子報、新書及講座資訊。

好康 1

每單數月抽10位，送珍藏版

「祝福徽章」

方法：掃QR Code，填寫線上讀者回函，就有機會獲得珍藏版祝福徽章一份。

好康 2

填修訂情報，就送精選

「好書一本」

方法：填寫線上讀者回函，並提供使用本書後的修訂情報，經查證無誤，就送太雅精選好書一本(書單詳見回函網站)。

＊同時享有「好康1」的抽獎機會

＊「好康1」及「好康2」的獲獎名單，我們會於每單數月的10日公布於太雅部落格與太雅愛看書粉絲團。

＊活動內容請依回函網站為準。太雅出版社保留活動修改、變更、終止之權利。

太雅部落格 http://taiya.morningstar.com.tw

有行動力的旅行，從太雅出版社開始